6

印象河内

一带一路百城记 · 海洋新知科普丛书

『十三五』国家重点出版物出版规划项目

陶 红 亮　主编

冰河插画　李伟 绘画

海洋出版社

图书在版编目（CIP）数据

印象河内 / 陶红亮主编；李伟绘画 . —北京：海洋出版社，2018.5（2025 年 1 月重印）
（一带一路百城记 . 海洋新知科普丛书）
ISBN 978-7-5210- 0081-8

Ⅰ . ①印… Ⅱ . ①陶… ②李… Ⅲ . ①河内 – 概况 Ⅳ . ① K933.3

中国版本图书馆 CIP 数据核字（2018）第 069849 号

印象河内

总 策 划	刘 斌		发 行 部	（010）62100090
策划编辑	刘 斌		总 编 室	（010）62100034
责任印制	安 淼		网 址	www.oceanpress.com.cn
排 版	童 虎·设计室		承 印	侨友印刷（河北）有限公司
			版 次	2018 年 5 月第 1 版
出版发行	海洋出版社			2025 年 1 月第 2 次印刷
			开 本	787mm×1092mm 1/16
地 址	北京市海淀区大慧寺路 8 号		印 张	11.75
	100081		字 数	282 千字
经 销	新华书店		定 价	72.00 元

本书如有印、装质量问题可与发行部调换

2000 多年前，一群商人赶着骆驼从西安出发，一路向西，最远抵达地中海；同时，在广东的徐闻港，商人们先祭拜海神，随后扬帆出海。后来，人们将这些连接东西方的通道统称为"丝绸之路"。通过丝绸之路，中国的文明之风吹向世界各地。2000 多年后，习近平总书记提出"一带一路"倡议，即共建丝绸之路经济带和 21 世纪海上丝绸之路，旨在"借用古代丝绸之路的历史符号，高举和平发展的旗帜，积极发展与沿线国家的经济合作伙伴关系，共同打造政治互信、经济融合、文化包容的利益共同体、命运共同体和责任共同体"。

千百年来，中国秉持"和平合作，开放包容，互学互鉴，互利共赢"的理念，和丝绸之路沿线国家进行平等的经济、文化交流。比如：明朝航海家郑和率领当时世界最大的远洋船队先后七下西洋，航迹遍布亚非，除了带去精美的手工制品外，还将先进的中华文化远播海外。

古代丝绸之路不仅推动了沿线各国的经济发展，还将中华文化带到了异国他乡。欧洲各国的贵族曾将中国瓷器视为外交礼品，阿拉伯国家的工匠结合中国瓷器工艺制造出了波斯瓷器。日本掀起过一股"弘仁茶风"，贵族将模仿中国人品茶视为一种风尚。无数西方人前往中国，泉州就曾因"南海蕃舶"常到，出现了"市井十洲人"的盛况。

如今，丝绸之路上不再有载满货物的骆驼。取而代之的，是丝绸之路经济带纵横交错的铁路网，

以及 21 世纪海上丝绸之路上络绎不绝的集装箱货轮。古代丝绸之路的先行者早已作古，秉承先人精神的建设者们正在发挥自己的光和热。

"一带一路"倡议自提出后，就受到沿线国家的高度赞扬和支持。在经济全球化的今天，"一带一路"不仅赋予了古代丝绸之路新的内涵，还为沿线各国提供了新的机遇。

为了使人们更加深刻地理解丝路精神，我们组织相关学者共同编写了这套《一带一路百城记》。以优美的文字和水彩绘画结合的形式，艺术化地展现"一带一路"节点城市及所在国家和地区与丝绸之路相关的方方面面，包括丝路遗迹、风景名胜、文化历史、风俗习惯、物产资源等，形成对"一带一路"的完整展示，最终实现一部"唯美的一带一路静态影片"。

希望读者在阅读完这套书后，能够更深刻理解"一带一路"的意涵，对"一带一路"沿线城市有更多的感性认识，不再将其看作一个遥远的符号。

平凡的快乐

河内是越南的首都，但它却没有紧张和拥挤感，反倒显得自然而宁静。

河内的风景十分恬静，"河内第一风景区"西湖几乎没有一点商业气息，那里最常见的是象棋爱好者，他们提着"车""马""炮"在中国象棋棋盘上博弈，时不时用越南语说一句"将军"。偶尔也会见到几个卖水果的小贩，但他们从不主动揽客，将茶壶放在竹篮中后，就坐在树下发呆，颇有些"姜太公钓鱼"的意味。浓荫如盖的大树、形态各异的古建筑、几个慢慢踱步的游人，是河内名胜古迹中最常见的风景。

这并不意味着河内人每天只会趿拉着鞋，慢悠悠地在街上散步，去咖啡馆里喝茶。相反，他们也要为生活奔波。河内街头永远挤满摩托车，河内人仿佛是天生的摩托车手，即使车上严重超载，即使路上密密麻麻，不见一丝缝隙，他们也能驾驶着摩托车，飞快地奔向目的地。

人们也经常能看到那些挑着扁担在路上贩卖水果的老婆婆，那些水果看上去很沉，让人不由得担心老婆婆的肩膀是否会受伤。河内街上也不乏顶着巨大货物行走的妇女，她们一边走一边吆喝，希望能多卖出几件货物。

河内人的生活并不是自然闲适的，这一点从路边那些如连体婴儿般紧紧靠在一起的瘦长形民居上就能感觉到。然而，即使每天都要奔波劳累，他们脸上也没有出现焦虑和不安。无论是路边卖水果的

老婆婆，还是景区外卖法棍的妇人，甚至是时刻准备冲锋的摩托车手，他们的身上都没有丝毫紧张感。他们显得那么平静而自然，似乎并不计较自己当下的境遇。而在得到一点点收获，如卖出几个水果后，他们会开心地笑出声来，那是最简单不过的快乐。

河内的美食就像河内的风景一样，是清淡温和的。往牛肉粉中撒上一大把香料，油腻瞬间消失；在猪骨汤中加入西红柿，让酸味挤在汤中，平衡猪骨汤过于浓郁的口感；将鲜虾裹在甘蔗枝上油炸，让虾肉吸收甘蔗的清甜……这些美食没有任何侵略性，看上去没有任何个性，却能抚慰人们的心。

河内的魅力到底是什么呢？用几个词语来概括似乎太片面，只有在那里待上一段时间，人们才能感受到隐藏在日升日落中的美妙，体会那种平凡的快乐。

第三章　探访博物馆，触摸河内的灵魂

第四章　走进庙宇，走进虔诚的河内人

第五章 不施粉黛，最自然的风光

第六章 俗世生活，越南风情

第七章 留住回忆，寻找越南特产

第八章 寻味河内，最平凡的滋味

第一章
越南，海上丝绸之路的重要参与者

对大多数人来说，古代海上丝绸之路是一个遥远的故事。直到人们看到从越南海域打捞出来的沉船，以及船上精美完整的瓷器时，这个故事才变得清晰起来。

越南是古代海上丝绸之路的重要参与者。那时，中国商船从泉州、广州等地出发，在经过越南的时候，常常会在越南沿海的优良港口停靠贸易。

虽然时移世易，中国商船停靠过的港口也消失在时间的长河中。但是，当人们看到在越南海域沉睡了上百年的沉船时，发现当时的繁华景象好像就在眼前。

越南，海上丝绸之路的重要节点

或许很多人并不知道，越南也是古代海上丝绸之路的重要节点。

有史料记载的海上丝绸之路，形成于汉武帝之时。《汉书·地理志》在记载汉武帝派遣使者出海贸易的时候，曾经详细地描述过这条丝绸之路："自日南障塞，徐闻合浦船行或五月，有都元国；又船行可四月，有邑卢没国；自船行可二十余日，有湛离国……市明珠璧琉璃、奇石异物，贵黄金，杂缯而往……"。

这里的"日南"，是越南中部的一个小镇；而"都元"，则是位于越南南部的迪石市。由此可见，早在汉朝，越南沿海各港口就是中国商船的最佳补给地。那时，中国商人船上的丝绸备受当地人欢迎，所以这条海上航线又被人称为"海上丝绸之路"。

　　虽然到了宋元时期，瓷器代替丝绸成了中国最主要的出口货物，但是人们还是沿袭了古代的称谓。然而，对越南人来说，无论这条航线的名称是否改变，他们对中国商船的期待永远不会改变。

　　宋元时期，越南的各个港口一直是中国商船的重要补给地。那时，中国商船大多会在此停靠，与当地人进行交易。这时，就是越南人离自己心中的珍宝——中国瓷器最近的时候。有时候，与中国商人熟悉的越南人也能买下一两件精美的瓷器。

　　到了明朝，越南依旧是海上丝绸之路上的重要节点。人们从越南海域发掘出来的沉船中，找到了郑和船队曾经来过越南的证据。现在人们依旧能够想象，载着中国瓷器、丝绸等货物，带着皇命的郑和船队，浩浩荡荡地出现在越南水域，是何等壮观的情景。

　　现在，在21世纪海上丝绸之路中，越南依旧是重要的节点。毕竟只有互惠互利，才能共同发展。

受中华文化影响至深的小镇——会安

会安曾经是越南的重要对外贸易港口，也是古代海上丝绸之路上的节点城市。然而，即使提前了解过这些知识，但是当人们来到会安古镇后，看到小镇中的中华会馆、关帝庙、宗祠等中式建筑时，还是会有一种不真实感——还以为自己在国内。

明穆宗时期，朝廷开放了漳州月港，并且允许漳州人进行自由贸易。于是，生活在海边的人们扬帆起航，去探索未知的海域。

那时，会安是商人最常停靠的港湾，他们会在此补给淡水、进行交易。时间久了，商人们喜欢上了这个热带城市，并且萌生出在此长居的念头来。于是，当他们攒够"养老金"之后，便带着家小在此定居。随后，大大小小的中式宅子，以及各种宗祠陆陆续续地出现在会安镇中。

虽然时移世易，拥有低浅河口港湾的会安逐渐失去了贸易港口的地位，华人也离开了这个地方。但是，每到月圆之夜，会安古镇大街小巷里星星点点、流光溢彩的灯笼，却又将人带回到当时的年代。

小贴士

交通：会安离岘港很近，可选择从岘港乘坐迷你巴士，车程约 45 分钟。

最佳游览时刻：夜晚的会安最为美丽，城中亮起的大大小小、形状各异的灯笼，将会安变成了一个童话世界。有兴趣的人，也可以买一盏灯笼作为伴手礼。

通过越南出水陶瓷，看海上丝绸之路

20 世纪 90 年代初到 21 世纪初，考古学家先后在越南附近的海域发现了 6 艘古沉船，并且从沉船中打捞出了精美完整的瓷器。

考古学家研究后发现，这些瓷器主要来源于中国，且大多产于中国的元、明、清时期。古船和瓷器，不仅证实了当时中国船只沿海上丝绸之路航行的时候，曾经经过越南海域，还重现了古代海上丝绸之路的繁华景象。

这些瓷器年代久远，但是依然精美生动。你看，那两条嬉戏的鱼儿，似乎马上就要从瓷器中跳出来；那朵开得正艳的牡丹花，好像还能引得蝴蝶飞来；更别说那支舞狮队，人们仿佛能听到鼓声和百姓的笑闹声。

　　看到这些瓷器后，人们的眼前似乎能浮现出这样一幅画面：古时，中国商人从广州、泉州、海南等地出发，在季风的帮助下，一路向西。

　　在经过越南的时候，他们总会在越南港口停留一阵子。在这段时间里，商人们会买些食物和饮用水作为补给。当然，他们也会与当地的百姓进行交易。中国瓷器是当地喜爱中华文化的越南人最喜欢的商品，往往供不应求。商人也会从当地人手中买些特产，或许是一件奥黛——这是家中妻子的最爱，或许是一小包香气浓郁的咖啡粉。

　　等补给得差不多了，他们便扬帆起航，向西亚、欧洲、东非驶去。当然也有运气不好的商人，他们遇到了大风浪，巨大的货船也不能抵抗气势汹汹的龙卷风。

　　最后，商人们葬身海底，船上的瓷器成了他们的陪葬品。直到百年之后，商人都变成了海中的精灵，这些瓷器才愿意离开旧主，重见天日。

西行商人眼中的风景
——占婆岛

会安小镇往东约 20 千米，就是占婆岛。

这是一座原生态的岛屿，几乎没有商业气息，是游客在探访越南时无意发现的世外桃源。

实际上，早在几百年前，就有人发现这座岛屿的美丽了。古时，占婆岛是海上丝绸之路的必经地。当商人们遇到大风浪的时候，就会在此做短暂的停留。

等风平浪静之时，商人们便能尽情地欣赏这个岛屿的美丽。远处翱翔的海鸟、不染尘埃的蓝天、清澈得能看得见鱼儿的海水、带有海腥味的风，都是商人们心中无法忘记的回忆。

不知道，在欣赏占婆岛美景的时候，是否有商人产生过这样的念头：等我白发苍苍之时，来此隐居也不错。

忙碌的现代港口

——海防港

去河内旅游，除了欣赏灵动秀美的西湖、烟波浩渺的下龙湾之外，去海防港看看也很不错。海防港是河内的海上门户，也是北方进出口物资的中转站。作为越南北方最大的海港，它每天要迎接大量的"旅客"。

清晨，当太阳还懒洋洋地躲在地平线下的时候，海防港上的工人就忙开了。他们穿梭于各色集装箱中，忙着将货物安排好，以便迎接出现在海平面上的新"朋友"。

到了中午，海防港的气候变得让人难以忍受，海风不愿意出来散步，只剩下让海面闪烁金光的太阳。此时的工人依旧忙碌，他们用帕子将脸包裹得严严实实，仔细地记录着进出口货物。

只有到夕阳西下时，这里才会变得轻松起来。"旅客"们都找到了自己的"旅馆"——那些五颜六色的集装箱。工人们三三两两地聚在一起，看着太阳慢慢地落下海平线，静静地享受一天中难得的闲适时光。

第二章

赏名胜古迹，品悠长的味

河内，这座城市已经有上千年的历史了。

它如同一位活了近百年的老者，有一肚子故事。而人们只有在走近他之后，才能有幸阅读他的"人生"。

欣赏还剑湖对面广场上的李太祖塑像，仰视高高耸立的旗台，感受华卢监狱的阴郁气氛……走进河内，才能体会到这座城市的悠长韵味。

将历史和生活交织在一起——龙边大桥

在 河内，没有一座大桥会像龙边大桥一样出名。

从建造之日开始，龙边大桥就深受人们的关注。它的设计者埃菲尔，就是鼎鼎大名的埃菲尔铁塔的设计者。虽然建造者最初的目的是为了军事部署——当时它是唯一一座横跨红河，连接河内和海防的桥梁。然而人们却不由得期待它美妙的身姿出现在红河上方，成为这座城市新地标的情景。

实际上，当游客走近龙边大桥的时候，依然能想象出它给当时的河内人带来的震撼。从闲适温暖的小巷出来，就是龙边大桥。与充满生活气息的小巷不同，这座巨大的桥梁立刻让人感受到冷酷的工业气息。

走在龙边大桥上，随处可见修补弹孔的补丁——这是战争留下来的痕迹，但是龙边大桥却没有因此衰败。

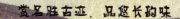

　　有人说，如果将龙边大桥比喻成一个人的话，一定是白发苍苍退休多年的老兵。虽然年纪越来越大，但是骨子里的军人魂并没有被岁月带走。如果要再次上战场，他一定还是那个勇敢机智的战士。

　　这种感觉，在火车从大桥上经过的时候最明显。每当火车从龙边大桥上呼啸而过的时候，整个大桥都在颤抖，似乎要将桥上的行人都抖落到红河中。沿着火车经过的痕迹打量这座冷酷的大桥，人们才发现，红河大桥原来这么长，长到一眼望不到边。

　　不过，久负盛名也好，战略要地也罢，龙边大桥早已变成了市民生活的场所。

　　白天，人们从这座大桥经过，骑着各式各样的交通工具——摩托车、自行车、人力三轮车……桥上很是拥挤，但是人们却没有放慢自己的速度，急急忙忙地往前冲。

　　有时候，人们也会停下来，走下车来买点菜。人行道上有一个小型的菜市场，小贩担着担子来到大桥上，将竹筐的蔬菜、板凳拿出来之后，就能变出一个蔬菜摊。

　　如果太阳太过毒辣，小贩们还会带一把大型遮阳伞来，搬张塑料凳坐在遮阳伞下。看见摩托车一辆接一辆地从自己身边驶过，没有一丝停下的迹象时，小贩竟在伞下悠悠地打起盹来。

　　而夕阳西下之时，这座坚硬的工业领地也变得温柔起来。来龙边大桥看落日的情侣很多，他们将摩托车停在路边，斜坐在摩托车上等待落日的来临。

　　这是人们在平凡的生活中捕捉到的浪漫。情侣们大多没有精心打扮过，头发乱糟糟的——他们刚刚将摩托车帽摘下来。

　　不过，当落日的余晖洒在他们身上，从身边呼啸而过的摩托车也没有让他们分心的时候，这样朴实的场景倒变成了最动人的画面，时光也变得宁静悠长了。

河内的天安门广场——巴亭广场

如果从旧街区走到巴亭广场，便可以体会到这座城市的不同面貌。旧街区虽然充满生活气息，但是大多狭窄，摩托车从人们身边呼啸而过，似乎一不小心就会被带入到车流中。之后，游客要经过使馆区。相比旧街区，使馆区整洁很多，马路也变得宽阔。不过往来的行人很少，倒让人怀念起旧街区的嘈杂来。

穿过使馆区，便是巴亭广场。此时，人们会忘记旧街区的喧闹和使馆区的静谧，眼前只有巴亭广场的开阔和庄严。

巴亭广场是类似天安门广场的场所。西边是花岗石砌成的胡志明陵，入口处有很多人在排队。与胡志明陵遥相呼应的，是国家政府大楼和巴亭会堂。广场北面是深黄色的主席府，它掩映在绿树之中，颇为秀丽。

对游客来说，这些建筑都是不能错过的。人们走一步停一步，好像要将所有的风景都收进自己的照相机中。或许，有人认为来到这里，和迎风招展的越南国旗合个影，是证明自己来过越南的最好方式。

然而，对河内人来说，这里并不是景点。在巴亭广场上，随处可见绕着广场跑步的当地人。他们从严肃的军警身边经过，军警却没有转头看他们一眼，可见早已熟悉这样的情景。

　　在不远处的草坪上，闲坐着来此聊天的市民。有的市民还带了咖啡，走近他们，就能闻到浓郁的咖啡香气。要是游客想喝咖啡的话也不难，巴亭广场附近就有很多咖啡馆。

　　有人认为巴亭广场应该是一个严肃的场所，但是当河内人的笑声和咖啡香气飘荡在空气中的时候，这个庄严的广场又变得轻松愉悦起来。于是，游客向当地人学习，拿了几张凳子坐在广场上看着来来往往的车辆，静静地享受这与众不同的惬意时光。

庄严肃穆的场所

——胡志明陵墓

在 巴亭广场中，胡志明陵墓无疑是最雄伟、最庄严的建筑。陵墓坐西朝东，用花岗石砌成。陵墓不远处是点有长明火的祭坛。

每天都有大批的游客来到这里缅怀瞻仰。刚刚在陵墓对面和桃花合影的游客，此时也收敛了笑容，放低了声音，在工作人员的引导下进入陵墓。

当然，也有很多当地人过来瞻仰，白发苍苍的老人是最有感触的瞻仰者。烈日下，汗水沿着他们的脸颊滴落下来，但是他们却没有理会，只是深情地望着这座陵墓。也不知在他们脸颊上闪烁的是汗水还是泪水。

陵墓中就是胡志明的水晶棺，这种水晶棺采用的是苏联与中国的技术，所以遗体被保护得很好。水晶棺四周站着四个荷枪实弹的士兵，护卫着安详地躺在水晶棺中的胡志明。

开放时间：8：00--11：00，10：15之后就不能进入了；周一和周五不开放；每年9月底至12月底因保养而闭馆三个月。

越南主席府中的胡志明故居

从胡志明陵墓出来，往北走三四百米，一栋漂亮的橘黄色法式大楼出现在人们面前，这就是越南主席府。

这是法国统治越南时修建的建筑，越南独立后，这里就顺理成章地成了越南主席府。因为这座主席府现在还是越南主席办公的地方，所以不能进入参观。不过，人们在门外欣赏宏伟的铁艺大门、古典的巨大石柱，以及壮观的楼梯后，就能够想象出胡志明当年在这里接待外宾，作出重大历史决策的情景。

虽然这座漂亮的四层大楼被称为主席府，但是胡志明并没有在这里住过。越南独立后，他不愿意生活在法国人留下来的城堡中，就在主席府的西南角建了一栋两层的越式木楼。一层作为开放式的会议室，二楼是他的卧室。

相比气势雄伟的主席府，这座掩映在绿树丛中的胡志明故居显得很不起眼。这里的陈设很简单：一楼摆放着会议桌椅，而二楼的卧室中只有一张普通的木床。导游告诉我们，这里甚至没有厕所。

　　其实，即使不了解越南的历史，单是看这座简朴的二层小楼，人们就会升起对胡志明的敬意来。在当时，越南物质十分匮乏，胡志明号召全越南人民节食一天，将节省下来的食物分给儿童们食用。他是否身体力行？看这栋小楼中的家具就能够得到答案。

　　胡志明终身未婚，也没有后代，将毕生的精力都奉献给了越南人民。可谓是鞠躬尽瘁，死而后已。所以，人们在来到越南后，发现从街头画像到商店中的纪念品，到处都是胡志明的身影，也就不会觉得奇怪了。

　　离开胡志明故居，在幽静典雅的主席府花园中散步，别有意趣。相传，胡志明最喜欢在此散步。不过现在，只有花园中有趣而罕见的菩提树为人们讲述过往的历史了。

品味升龙皇城
中的悠长韵味

巴亭广场不远处的升龙皇城，是一个颇为冷门的景点。升龙皇城建于11世纪越南李朝时期。如果说巴亭广场是类似天安门广场的场所，那么升龙皇城应该可以归到故宫这类的景点中去。

当然，相比于故宫，升龙皇城要小很多，也没有那么壮丽和雄伟。不过仔细参观之后，人们就会被这里各式各样的老建筑吸引。

拥有中式双层檐的两层方形城楼，让这座皇城显得古色古香。然而，不远处的法式建筑，又给升龙皇城增添了一抹异域风情。神奇的是，这两种风格迥异的建筑出现在同一宫墙内，却没有一丝违和感。

游人少，升龙皇城就成了最佳摄影场地。女孩们喜欢在这里拍个人写真，灵动秀美的奥黛和古色古香的城楼搭配在一起，让这座皇城焕发出别样的风情。也有来此照婚纱照的，洋溢着幸福的新人在法式建筑前相视而笑，生机便悄悄降临这座古老的皇城。

开放时间：8：30—11：30，14：00—17：00，周一不开放。

顽强抗击侵略者的象征
——官长门

没有什么比古城门更能触摸到这个城市的灵魂了。

河内民间有这样一段歌谣："周围团团绕，土城建得高，门口建成墙。"这里描绘的就是河内早期的城门——升龙外围土城的城门。因为城门都是正方形，所以又被称为门口。据记载，门口处警备森严，长年有人巡逻，以防敌人和火灾。

然而，随着历史变迁，河内的大多数城门都废弃了，只剩下一处古城门——官长门。

说到官长门，还有一段故事。相传，法国侵略者通过东河门对河内城进行首次攻击的时候，阮朝的一名卫队长官率领一百名士兵英勇抵抗，打退了法国侵略者。后来，东河门被改名为官长门，以纪念这些勇于和侵略者作战的士兵。

现在，官长门默默矗立于河内市，当越南人们抬头看见它的时候，就不由自主地想起了千千万万个勇于和法国侵略者作斗争的同胞。

21

在列宁公园中锻炼的河内市民

列宁公园是个闹中取静的场所，虽然就在还剑湖附近，却没有喧闹拥挤的场面。许多游客慕名来此，发现此处只有一个列宁像可供拍照之后，便悻悻离去了。

这里的确没有值得介绍的景色，虽然也有花、有树，有列宁的雕像，但是花草比不上还剑湖和西湖，至于列宁像，或许因为高高立在石台上，缺少了亲近感，所以游客大多是绕一圈就放弃了观赏。

然而，平凡之中也可以孕育出美丽来。要是能在这里静静地坐一会儿，你就会发现这个公园最美丽的风景。

清晨，列宁公园是大爷大妈的"领地"。这些大爷大妈穿着整齐的服装，来这里跳广场舞、练太极。要不是他们放的是越南歌曲，你还会以为自己身处国内呢。

等太阳悄悄爬上枝头，晨练的老年人消失不见踪影。此时，列宁公园显得尤为寂静。不过，一阵刹车声打破了这片宁静。

年轻人喜欢在这里练习自行车技术。他们骑着自行车在公园的台阶上跳来跳去，身手很敏捷。有时候他们也会失手。然而他们并不在意，拍拍自己身上的尘土后，又接着练习。

直到他们足够熟练之后，才会将自行车停在一边，靠在长椅上心满意足地打起盹来。此时，太阳也会变得温柔，它收敛了光芒，为这些疲惫的骑手带去暂时的阴凉。

黄昏时，这里又成了孩子的乐园。广场上到处都是滑旱冰的孩子。摔倒了，他们故作成熟地推开大人伸过来的手，挣扎着站起来，继续往前滑。看到这样的场景，人们大概就会明白，河内人脸上的好气色是从何而来的。

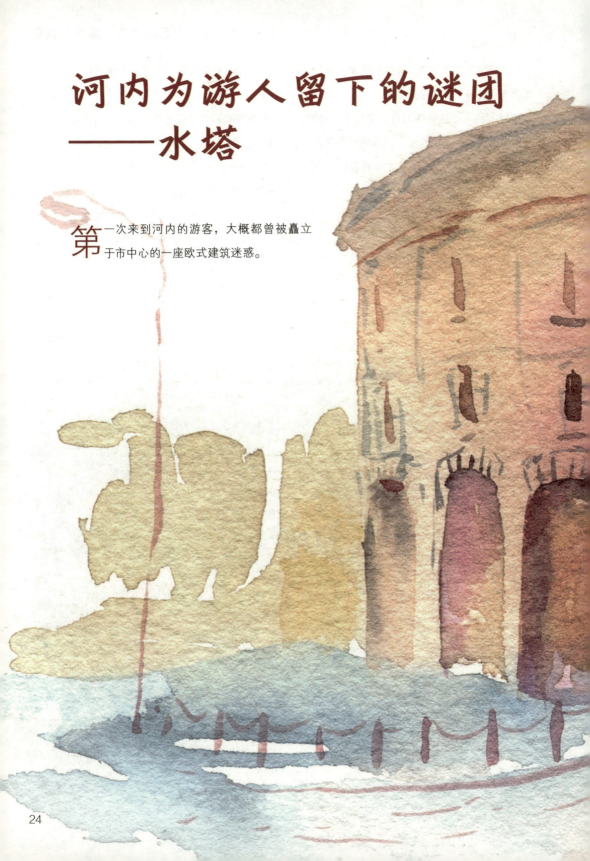

河内为游人留下的谜团
——水塔

第一次来到河内的游客，大概都曾被矗立于市中心的一座欧式建筑迷惑。

从龙边车站往市内走，要经过一个颇大的环岛。当人们从这个环岛经过的时候，目光一定不会离开环岛中心的那座欧式建筑。

河内的欧式建筑有很多，但是这个建筑似乎更为独特，因为它很像古罗马的斗兽场。若是游客的想象力足够丰富，大概还能闻到隐隐约约的血腥味呢。

不过，等游客准备参观这个建筑的时候，却发现游览手册上没有这个景点。人们有些不死心，在这个建筑前兜兜转转，想要找到关于这个建筑的信息。不过，别说介绍，就连出口都没有。

寻找过资料之后，人们发现：原来这里是一个水塔。水塔为什么在市中心？现在水塔里面还有水吗？关于这座建筑的疑问太多了。

向当地人请教之后，人们的疑惑还是没有被解开，因为谁也给不出准确的答案。有人说这是战时修建的，有人说这是古时皇帝修建的……

或许，这是河内故意为游人留下的谜团，让游客在离开这个城市后，还能回忆起乘坐人力三轮车从水塔旁经过的心情。

传承上千年的文化
——河内文庙

坐着人力三轮车穿过街巷，来到一个古树蔽日的场所，从车夫一长串越南话中，我们辨别出"文庙"二字。原来，这里就是河内文庙。

这是一个古老的场所，拥有近千年的历史。在千年的时光中，儒家文化变成了文庙的香火飘进了河内人的心中，这座文庙也因此成了河内的标志性建筑。

如果去过孔子的故乡山东曲阜的人，也许会觉得这座文庙有些眼熟。的确，门前的"下马碑"、飞檐翘角的大拜堂、雕刻精细的进士碑，像极了山东曲阜的孔庙。实际上，河内文庙就是依照山东孔庙建造的。

河内文庙中到处都是汉字，还供奉着孔子。那些长居于越南的华侨，总会在空闲的时候，来这里转一转，因为这里满满都是家乡的气息。

作为越南曾经的最高学府，这里也是河内学生喜欢拜访的场所。考试之前，学生们特别喜欢来到这个地方，除了进殿拜祭孔子之外，他们还有更为重要的事情——去天光井抚摸神龟。

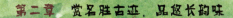

　　并不是这些神龟特殊，而是神龟
驮着的事物不同寻常——进士碑。学子们相信，
这些石龟能够给他们带来好运。实际上，要是在平时不够
努力，考试之前拜祭再多的神灵也没有用。然而，人人都需要鼓励，
在自己迷惑的时候，让河内文庙中的石龟给自己希望，不是很好的事
情吗？

　　学子们对河内文庙的情感还不止于此。每年毕业的时候，也是河内文庙最
热闹的日子。这时，河内文庙外人头攒动，男孩们身穿干净整洁的西服，女孩们穿着
飘逸灵动的奥黛，头戴学士帽，手拿毕业证——他们是相约来河内文庙拍摄毕业照的。

　　阳光穿过河内文庙中的苍天古树，稀疏地洒在学子身上，将他们脸上的笑容照得分明。
河内文庙，这个古老的庙宇，瞬间穿梭了千年，成为现代化的学府。在这些洋溢着灿烂笑容
的学生脸上，人们能看到河内人对儒家文化的传承。

小贴士

交通：河内文庙离巴亭广场很近，步行过去约15分钟。

开放时间：4—9月开放时间：7：30—17：30；10月至次年3
月开放时间：8：30—17：00；周一不开放。

一直守护着还湖的李太祖塑像

坐着人力三轮车，从还剑湖附近经过的时候，三轮车夫指着一个塑像对我们说："看，这就是李太祖。"

李太祖是越南李朝的开国皇帝，在位期间兴办文教，在都城设立国子监，在地方各府路设学堂，号召百姓学习儒学。他还举办了科举，李朝文官要通过经史的考试，武官则需通过武经的考试。他不是个穷兵黩武的皇帝，建立李朝后，他将占领东都时的25万人裁军至10万人，因为他明白，李朝需要的是修养生息，百姓需要的是一餐饱饭。在他的治理下，这个国家开始恢复生气，百姓的生活也走上了正轨。

因此，越南人如今依然十分尊重这位皇帝。河内有一条名为"李太祖"的街道，而每当经过李太祖塑像时，三轮车夫都会向游客讲述李太祖和还剑湖的传说。

见证历史变迁的建筑物
——旗台

在河内寻找历史的痕迹，其实是一件非常容易的事情。也许在街头散步的时候，人们就会发现一座座见证历史变迁的建筑，比如矗立于军事博物馆中的旗台。

若是与摩天大楼比较的话，这座高约 31 米的旗台并不醒目。但是，要是我们将时间挪回到建造它的那一年，就能够明白它是如何成为河内地标的。

阮朝是越南最后一个封建王朝，而这座旗台就是阮朝的开国皇帝——嘉隆帝阮福映修建的。平定全国后，阮福映向中国政府请求册封。随后，中国政府册封他为"越南国王"。从此，"越南"成了这个国家的名称，并且沿用至今。

作为一位君主，阮福映也有俯视天下的雄心。为了向人们展示新王朝的气息，他下令在河内城中修建了这座旗台。那时，河内城中的建筑大多低矮，旗台就轻而易举地成了标志性建筑。

现在，我们依旧可以想象，阮福映是如何沿着螺旋形的楼梯登上塔顶，俯视这片城市风景的。只是封建王朝早已成了历史，如今塔顶只剩呼啸的风声。

河内最热闹的商业街
——三十六街

三十六街是河内最热闹的商业街。或许第一次来到这里的人，会因错综复杂的街道而迷路。

实际上三十六街的街道并不长，只有几百米长，若是直直地往前走，很快就能离开这条街道的"领地"。但是这里街道串着街道，离开了鞋商街，又走入了帽商街，过了帽商街，却进入了银商街……这里的街道像是逛不完一样，给人一种绵延无尽的错觉。

其实这里的街道也没有人们想象的那么长，正如它的名字一样，这里只有三十六条街道。而且街道的名称还很好记：皮革街、炊具街……以至于人们一听到这些街道的名称，就知道贩卖的商品是什么。

　　来这里买伴手礼最好不过，因为每条街上都能找到别具特色的手工艺品店。这里的手工艺品几乎是全河内最便宜的，品种也十分齐全。人们沉浸在"淘宝"的快乐中，刚刚从店铺中收获了一幅生动的磨漆画，转角又遇到了当地艺术家的工作室。

　　即使没有购物需求也没关系，沿着街边的小商铺散步，欣赏橱窗中的装饰也很惬意。橱窗是店铺的灵魂，店主总会将最得意的作品摆出来，看着那些美丽、灵动的橱窗装饰，这座城市的艺术之魂也就直白地展现在人们面前了。

　　等人们将目光收回来，把注意力放在川流不息的人群中时，三十六街又改变了自己的面孔。

　　河内人大多骑着摩托车来到这里，后座上放着刚刚从三十六街中发现的"宝贝"。你若仔细观察的话，就会发现：摩托车轮中有不少灰尘，摩托车座上的人也很朴素，只有后座的工艺品在闪闪发亮。

　　或许，在河内人心中，这才是艺术品真正的含义：平凡、美丽，不是在橱窗中供人欣赏，而是在俗世生活中陪伴人们。

回荡在华卢监狱中的惨叫声

在河内大教堂不远处，一堵黄色围墙的后面便是越南曾经最大的监狱：华卢监狱。
这座监狱是法国殖民者建造的，主要是为了关押早期的越南革命者。美越战争之后，这里又变成了关押被俘虏的美军飞行员的场所。现在，曾经的监狱变成了一个展览馆，向人们展示法国殖民者是如何压迫越南的爱国主义者，以及当时监狱中糟糕的生活环境。

每个来到这里参观的人，都会对各种刑具和断头台印象深刻。阳光透过玻璃照进来，让两根木柱制成的断头台变得普通，有点像家中的木质家具。但是，当导游向人们介绍当时的情景之后，这个断头台又变得阴森恐怖起来。

据说，行刑者会在断头台下面放一个箩筐。人头落下，就径直掉到箩筐中。等箩筐满了，行刑者就会将箩筐抬出去，像倒垃圾一样将箩筐清理干净。就这样，一箩筐一箩筐的人头被抬出去，监狱外的人头堆成了小山。

　　听到这些描述，游客们的冷汗顺着脸颊滴落下来。断头台已经多年没有被使用，但是现在看来，铡刀似乎还在闪烁着寒光，仿佛一落下，就会有一个人头落到箩筐中。

　　参观监狱的心情是难以描述的。无论是听导游介绍刑具，还是看再现囚犯被束缚得动弹不得情形的铜版画，人们也会变得恍惚，仿佛走进了时空隧道，耳边响起了监狱中犯人的惨叫声。

　　只有在走出这座监狱的时候，人们的心情才会慢慢平息。看着不远处的小贩挑着担子沿街叫卖，坐在摩托车后座上的女孩紧紧地搂住爱人的腰，天真的孩子骑着自行车来回转悠，人们才有勇气回头看一眼华卢监狱。

　　幸而，曾经漆黑的大门现在敞开着，荷枪实弹的法国士兵也早已变成了收门票的越南大妈。

玄河内戏剧院，
享受听觉盛宴

据说河内戏剧院是仿造巴黎卡尼尔歌剧院建造的。因而，人们在这里看见粗壮的立柱，以及精美的柱头雕花时，也就不会觉得奇怪了。

这座带有浓郁异域风情的场所，是当时法国殖民者的享乐地。

明月爬上树梢的时候，这里就会变得繁华而热闹。穿着考究的法国殖民者们，带着精心装扮过的女伴来到这里。顺着光亮的大理石阶梯，走进二楼的贵宾包厢中。在华丽的水晶吊灯下，他们尽情地享受歌手为他们奉上的听觉盛宴。

大概当地人也曾期盼过到这里来听戏剧，但是，每当走近这座气势恢宏的建筑时，看到戏剧院上飘扬的法国国旗后，他们心里升起这样一个念头：这里不属于越南人。

时移世易，越南早已摆脱了法国的殖民统治，而这座曾经为法国人提供无上艺术享受的建筑，也成为河内人最佳的休闲场所。

去戏剧院中听一场古典乐，再去附近的餐厅吃点夜宵。之后，在戏剧院前面的大道上散步，再也没有比这惬意的了。

第三章

探访博物馆，触摸河内的灵魂

有人说，只有走进矗立于城市中心的博物馆，人们才能触摸到这个城市的灵魂。

如此看来，河内的"灵魂"好像有点多——这里的博物馆太多了。除了常见的军事博物馆、历史博物馆、美术博物馆，竟然还有妇女博物馆、人类学博物馆。

其实，是因为这个城市有太多面孔了。在这些博物馆中，人们能感受到战争的残酷，也能看到原始的、质朴的艺术，还能体会越南妇女的坚毅和勇敢。

要是你还不了解河内，就去博物馆走走吧，或许你能发现河内的另一面。

永远不会缺少游人的胡志明博物馆

独柱寺旁的胡志明博物馆永远都不会缺少游人。

午后，河内的大太阳照得人昏昏欲睡，鸟儿也都收起了自己的翅膀，躲在树荫中睡午觉。但是胡志明博物馆前面，却有不少顶着烈日照相的游人。太阳虽然毒辣，却融化不了游人的笑容。

走进博物馆后，人们不由得感叹刚刚的等待是值得的。博物馆展出的图片、实物极为丰富，装饰也没有其他政治人物纪念馆那么严肃，而是更加的精巧。特别是博物馆顶层的那件装饰品——一尊巨大的黄金莲花，更让人惊叹。有人说，这尊金莲或许是为了与莲花形状的独柱寺相呼应。

人们一般会先参拜独柱寺，再来参观胡志明博物馆。但是仅仅隔了十几分钟，人们的神态就发生了巨大的变化。在独柱寺前，人们是虔诚的、小心翼翼的。而在这里，人们却是怀念的、轻松的。

小贴士

交通：乘坐 9 路公交车到 le hong phong 站下车即到。

开放时间：8：00—11：00 、13：30—16：00。

注意事项：博物馆可提供英语解说导游。

回到战火纷飞的年代
——越南军事博物馆

在 河内众多博物馆中，越南军事博物馆无疑是最出名也是游人最多的博物馆。军事博物馆位于河内市中心，列宁广场对面。其实，要是你找不到精准的位置也没关系，只要往天际线的方向看过去，找到那个插着越南国旗的棕黑色高塔，并且将其作为定位走过去，就能找到军事博物馆的入口。

那就是越南的地标之一——旗台，而军事博物馆就是修建在旗台院中的。

走进军事博物院，大概没有人的目光会离开院中那座纪念碑。远远望去，纪念碑最顶端的建筑物往两旁延伸开来，在绿树的映衬下，倒有些像美国自由女神。

不过，当人们走近之后，却发现这是一架战斗机的后机身。导游告诉我们，这是法军的美制野猫战斗机。

其实，与其说这里是纪念碑，不如说它是战斗机的坟墓。越南人把在战场上击落的美军飞机残骸拼在一起，制作了这个极具现实意义又颇为阴郁的艺术品。

在纪念碑的最下方，放着一张被放大的照片。照片中，一位越南少女拖着美军的飞机残骸在沙滩上前行。柔弱的少女和钢铁机器，再加上照片中的黑白色彩，即使是再迟钝的人，也能感受到这幅照片中的讽刺意味。

我们在这座纪念碑前久久伫立，思绪回到了那个战火纷飞的年代，美军战斗机在河内市上方盘旋时产生的巨大轰鸣声似乎就在耳边。

这里从不缺少对军事感兴趣的孩子，在看到飞机残骸、炮弹、坦克等军事武器的时候，他们总是非常兴奋。但是，若是他们能好好体会这座纪念碑的含义，便能发现：相比绝对的实力，和平更加重要。

小贴士

开放时间：8：00—11：30，13：00—16：30，周一不开放。

古代越南人生活的缩影
——越南人类学博物馆

想要了解古代越南人民的生活习俗，去越南人类学博物馆再好不过。这里有用各种天然材料制作而成的面具，有古代越南人民的生活用具，有传统乐器，还有越南少数民族居住的草屋。

当人们看到这座离地约三米高的古老草屋时，或许不会产生太多的感触。但是，当导游告诉游客，这座草屋是从越南山区原封不动搬到这里的时候，人们大概会收起哈欠，马上走入排队参观的人群中。

草屋的屋顶是由干草铺设而成的，呈70度夹角的屋脊将草屋撑得格外高大。走上房前倾斜的木梯，来到参观草屋的平台。脱鞋之后，人们便可以进去参观。草屋的"地板"是光滑的竹片，竹片底层则是粗大的木棍。当地人可真是聪明，夏天的时候，这里一定十分清凉。

想到越南某些少数民族现在还住在这样的草屋中，游客不能去越南山区参观的遗憾大概也留在了这座博物馆中。

小贴士

交通：坐14路公共汽车在 D Hoang Quoc Viet 路和 D Nguyen Van Huyen 路的路口下车，步行约5分钟可达。

开放时间：8：30—17：30，周一不开放。

被忽视的珍宝
——越南美术博物馆

作为一个冷门的博物馆，越南美术博物馆的地理位置好得有些出奇。

人们来到干净整洁的大使馆区时，常常会放慢自己的步子，慢慢地欣赏沿途的建筑。而越南美术博物馆就在路边，十分显眼。这是一栋黄色的法式建筑，藏在芭蕉树身后，很是秀丽。

若你以为此处只是"金玉其外，败絮其中"的话，就大错特错了。博物馆里面也很美。展馆很空旷，除了整齐地挂在墙上的画、一条孤零零的长椅，以及几根白色石柱之外，就只有两三个游人。

橘黄色的灯温柔地照在洁白的水泥墙上，显得宁静又温馨。光洁的地板让此处仿佛变成了清晰的湖面，墙上的画也成为湖中的倒影。

这里的游人很少，如果你在一个展厅中看到十多个游客，不用怀疑，他们一定是无意中闯入的旅游团。因此，来这里发呆是最好的。坐在展览馆中的长椅上，望着展示越南民俗风情的油画发呆。无论你坐多久，也不会有人来打扰你。

开放时间：8:30—12:00，13:00—17:00。

谁说女子不如男
——越南妇女博物馆

为什么要单独为妇女建立一个博物馆？听到越南妇女博物馆名字的时候，人们心中或许会升起这样一个念头。但是，当人们了解越南妇女的历史之后，就不会感到奇怪了。

越南自古就有妇女参军的传统。古时，还有姐妹一起上战场作战，并被越南人尊为民族英雄。越南民间甚至还有女将领在战场上生下孩子，并且背着孩子继续作战的传说。

因此，当美国侵略者将自己的魔爪伸向越南的时候，这些越南女子也纷纷响应国家的号召，自愿拿起武器，去跟美国人作战。

我们几乎能想象出这样一幅画面：身穿奥黛的曼妙女子，换上军装，走入军营中。她们和男人一样，操作防空武器；在美国轰炸机将道路炸毁之后，她们在脸上抹上油彩，连夜修理道路；她们从来都不是被照顾的对象，夜间放哨巡逻的队伍中也能看到女兵的身影；在战斗最为激烈的时候，也是她们穿过了枪林弹雨，为军队输送给养。

当人们来到越南妇女博物馆，了解这个国家的妇女为和平作出的贡献之后，会不由得对这些越南妇女充满敬意。

谁说女子不如男？越南妇女为我们做出了最好的示范。

地址：位于河内市李常杰街，距河内古街 500 米。

其实，虽然现在不是战争年代，但是在那些挑着沉重的担子行走在街头的越南妇女，以及顶着烈日辛勤劳作的阿婆身上，人们依然能够看到与越南女兵相似的神态。战争已经结束，她们依旧坚毅、乐观。

听听这个国家的故事
——越南历史博物馆

有人说，我虽然很喜欢河内，但是并不能理解城中古建筑的意义，游览的时候感到乏味，过后又会觉得沮丧。其实，若是你有这样的困惑，不如在开始自己的"河内之旅"之前，认真地逛一逛位于河内市还剑郡长前坊的越南历史博物馆。

作为博物馆，这座历史博物馆美得有些过分。远远望去，这栋掩映在绿树丛中的三层黄色建筑物，有点像价格昂贵的度假屋。

八角攒尖的顶和仿木结构的斗拱和瓦檐，为人们展现了东方建筑的美丽；而入口处的巨大拱门，又将人们拉入欧式建筑的浪漫情怀中。

当人们走进这座建筑后，又能体会到博物馆中的越南风情。从旧石器时代到陈朝，从李朝到阮朝，从抗法时代到越南统一，这个博物馆似乎要将在越南发生的所有故事都告诉你。

所以，来这里参观是不能着急的。你得慢慢地走、细细地看，才能听到历史的喧嚣声。

小贴士

开放时间：8：00—11：30，13：00—16：00，周一不开放。

第四章

走进庙宇，走进虔诚的河内人

河内人是虔诚的。在面对他们的神灵的时候，强壮的男子也变成了乖巧的孩子。

河内有很多庙宇。无论是充满禅意的独柱寺，还是流传千年时光的镇国寺，或是满是汉字碑刻的玉山祠，都是河内人心中最神圣的场所。

或许，对河内人来说，来庙宇中向神灵诉说心事，早就成为了生活中不可或缺的一部分。

越南最古老的寺庙
——千年镇国寺

盛夏时节，此处的莲花从淤泥中伸出，在风中自由地摇曳，别有一番风味。而当人们走近之后，听到阵阵梵音，闻到使人凝神静气的檀香味时，才恍然大悟：原来，这里是一座庙宇。

镇国寺是闹中取静之所在。它矗立于西湖畔，因此来参拜的、不来参拜的，都要从它的门前走过。

旅游旺季的时候，西湖的游人很多，虽然并不会像中国西湖那样，出现似乎要将断桥挤垮的夸张情景，但是熙攘嘈杂总是少不了的。

人们只有在看到镇国寺的时候才会变得平静。或是闻到寺中的钟声，又或是听到寺僧做功课的声音，甚至仅仅是看到了"镇国寺"这三个字，人们躁动不安的心就会平静下来，降低自己的音量，放缓自己的脚步。

绕过门口那棵大树，跟着人流往寺中走。寺中游客的神态也各不相同。有的人双手合十，虔诚跪拜；有的人拿出一本小册子，开始念诵经文；有的人背着自己的相机走来走去，拍完寺中的白佛红塔、重檐古亭后，他们把镜头对准了在殿前烧香的老太太们。

　　这些老太太的旁边放着箩筐和斗笠，箩筐上有些泥土，但是衣服却很干净整齐，看得出在进寺院前认真整理过。

　　在烧香的时候，她们格外认真，神情肃穆的样子，让旁边的人不敢去打扰。就连在寺院中跑来跑去的孩子们，看到这样的老太太，都会放轻自己的步子。

　　寺中的菩提树静静伫立，看到这棵苍劲古朴的大树，大概再挑剔的游客都会忍不住驻足观赏。这是印度总统普拉萨特 1959 年访问越南时，特意赠送给镇国寺的天竺菩提树。

　　这棵枝繁叶茂的菩提树相当符合镇国寺的氛围。因为人们来到镇国寺后，不需要向寺僧打听这座庙宇的历史，单是看这棵根深叶茂的大树就知道镇国寺历史之悠久了。

　　实际上，镇国寺存在的时间比人们想象的还要长。它创建于 6 世纪前李朝李南帝时期，最初叫开国寺，也叫镇北寺，到后黎朝时才改名为镇国寺，它是越南最为古老的寺庙，越南古代的好几任国师都是出自于此。

　　或许人们不需要明白有多少国师从这里走出，只需要在夕阳西下之时，坐在寺中的台阶上，让夕阳为自己披上绛红色的外衣，看着信众绕寺中的白佛红塔，听时不时响起的鸟鸣声，便能体会这座古寺悠长的韵味了。

让人们安居乐业的黑天尊
——真武观

真武观离镇国寺不远，只有几百米的距离。参观完镇国寺，再去游览真武观，既省时又省力。真武观是道教的庙宇，这里主要供奉玄天真武大帝。相传，越南人认为真武大帝是秦始皇时期的将军李翁仲。人们认为他得道成仙后成了真武帝君，也就是越南民间的"黑天尊"。

人们为什么要在此供奉真武大帝？这与一个传说有关。相传，古时河内的堤防常常被狐狸和龟蛇破坏。当红河水泛滥之时，人们不得不眼睁睁地看着自己的家园被红河水淹没。人们对这些狐狸和龟蛇极为厌恶，却一直找不到方法来降服妖精。

怎么办？人们想到了向真武帝君祈求，希望他能保佑自己的家园不再受洪水的侵扰，因为这些妖精最害怕一身正气的"黑天尊"。不久后，奇迹发生了，狐狸和龟蛇都消失无踪，人们再也不用担心河水泛滥。

后来，人们就在镇国寺不远处修建了真武观。从李朝开始，真武观一直受到历代王朝的尊崇。后来，因为越南的科举制度逐渐完善，文人之间的竞争越发激烈，所以真武观又迎来了一位新的神灵——文昌帝君。

或许对有宗教信仰的人来说，若是刚刚从飘荡着梵音的镇国寺庙出来，再进入真武观，的确有种违和感。但是对那些仅仅想要感受越南文化的游客来说，只要安静地欣赏这些气势恢宏的屋檐、墙壁上精美的浮雕，以及正殿中那座用黑铜制造的真武大帝塑像就可以了。

河内西湖畔的"雷峰塔"
——泰何塔

说起杭州西湖旁边的佛塔，雷峰塔是不会被人们忘记的。实际上，在河内西湖旁边也有一座类似的佛塔，那就是泰何塔。

泰何塔是一个极为安静的所在。它掩映在郁郁葱葱的树木之间，盛夏时节来到这里，便可以尽情享受此处的清凉和舒适。人们在这里栽种了竹子，微风过处，竹林哗哗作响，为此处添上了几分"宁可食无肉，不可居无竹"的雅意。

河内的寺庙似乎永远都不会缺少香客，更别说矗立于西湖畔，拥有悠久历史的泰何塔了。然而即使没有佛教信仰，在游览过西湖之后，在此处欣赏满目清凉，随着虔诚的信众转转佛塔也很不错。

泰何塔不远处有很多小食店，可以弥补西湖上没有餐馆的遗憾。咬一口绿豆糕，再看一眼在香火中变得朦胧的信众，日子也由长变短了。

在白马寺中寻找显灵的白马

如果一一细数佛教名寺，白马寺总是不会被错过。实际上，河内也有一座白马寺。而且关于这座白马寺，还有一个有趣的故事。

相传，古时越南皇帝李岱铎想要为河内修建城墙，但是不知是工匠的水平不够，还是选错了地址，城墙经常坍塌。

且不说没有城墙会让自己陷入危险的境地中，单说没有城墙会让老百姓们忧心忡忡，就足以让这位皇帝发愁了。怎么办？这位皇帝尝试过很多种办法。换工匠，不行；换风水大师，不行；换地址，也不行。于是，他想到了向神灵许愿。

他向上天许愿，期盼神灵可以指引他找到修建城墙的地方。过了几日，奇迹发生了。城中突然出现了一匹白马，洁白高大，不似凡物。它来到李岱铎皇帝的宫殿，将这位皇帝带到城郊。

来到城郊后，李岱铎问："你是不是在告诉我可以在这里修建城墙？"白马甩了甩尾巴，好像肯定了他的说法。将李岱铎带回宫殿之后，白马就消失了，此后城中再也没有人见过这匹白马。

皇帝认为一定是上天听到了自己的祈祷，所以特意派白马来告诉自己修建城墙的位置。说来也怪，在白马指定的地方修建的城墙再也没有坍塌过，百姓也逐渐放下心来。

为了感念白马的恩德，李岱铎就在白马出现的地方修建了一座庙宇，就是现在位于河内老城区的白马寺。

走进寺庙，就能看到一匹栩栩如生的白马雕塑。相传，这座雕塑与当年帮助李岱铎皇帝找到城墙位置的白马一模一样。

漂荡在西湖水面上的莲花
——金莲寺

河内西湖中的一个半岛上，有一座矗立千年的寺庙——金莲寺。

说起金莲寺，还有一段传说。李朝时，一位公主来到西湖后，马上就被西湖旖旎的风景吸引住了。后来，她在西湖上修建了一座宫殿，并且一直在此居住。她是一位心地善良的公主，经常救助附近的百姓。人们喜爱她，尊敬她，甚至认为有了她，西湖才会变得如此美丽。

可是，上天似乎想要将这样的姑娘留在自己身边。没过多久，公主就去世了。为了纪念她，人们将她居住的宫殿改建为庙宇。甚至有人说，公主的灵魂一直没有离开，还在西湖中守护着附近的百姓。的确，从侧面看金莲寺的大门——三观门，就像看到了一朵漂荡在西湖水面上的莲花，不就是公主的化身吗？

然而，这只是人们的美好想象罢了。公主去世近千年，只有金莲寺中的飞槽绿瓦和雕梁画栋依旧陪伴着河内百姓。

在李国师寺中聆听古老的传说

李国师寺，大概人们在看到这座庙宇名字的时候，就知道它的来历了。这座建于一千多年前的寺庙，主要是为了奉祀李朝国师明空禅师。为什么百姓要特意修建一座寺庙供奉明空禅师？实际上，这其中蕴藏着一个传说。

　　据说，明空禅师受当时皇帝李神宗的邀请，到京城升龙（今河内）参禅。因为明空禅师讲解佛法的时候，简单易懂又发人深省，所以李神宗很尊敬他，有什么问题都会向他请教。

　　几年后，一向健康的李神宗得了一种怪病。这种疾病令李神宗浑身长毛，手上、脚上都长出了利爪，还经常对着空气张牙舞爪。人们给这种疾病取了一个形象化的名称——化虎病。李神宗请遍了京城的名医，却没有人知道如何治疗"化虎病"。

　　听到这件事情后，明空禅师主动来到皇宫中，并且用医术治好了李神宗的病。李神宗感激不尽，封明空禅师为国师。百姓们听说了这个传说之后，自发建造了一座寺庙以奉祀李国师，这就是现在位于河内市还剑郡李国师街 50 号的李国师寺。

　　李国师寺位于还剑湖畔，刚刚听过还剑湖中金龟传说的游客，又陷入了国师施法救皇帝的传说中，不免有种自己身处梦境的朦胧感。尤其是走进寺庙中，看着那些在朝拜时自觉脱鞋的信众，聆听寺中的梵音时，这种如坠梦中的感觉就更加强烈了。好像自己不小心走进了时空隧道中，来到了千年前的年代。

　　然而，当人们走出李国师寺，往街道上走去，看到不远处高高耸立的河内大教堂，以及教堂前斑驳却依旧温柔的圣母像时，又立刻醒了过来。

玉山祠中满是汉字的碑刻和楹联

大概那座架在湖面上的红色木质拱桥，就是人们对玉山祠的第一印象。这座桥有一个很好听的名字：栖旭桥，若是单听这座桥梁的名字，人们可能会以为自己在游览中国的庙宇。实际上，再往里走，这种感觉会更加的强烈。

过了桥，还会经过一个寓意"文澜砥柱"的镇波亭。当地人说，这座石亭寓意"以镇波涛"。再往里走，人们就能看到玉山祠，建造者还在庙宇之外建造了围墙，意为"忘却尘世"。

第一次来河内游玩的人，或许不了解中国与越南的渊源，但是当他们在这里看到这些充满寓意的古建筑时，就能敏锐地发现原来在越南文化中，还能够找到中华文化的影子。

玉山祠是一座道教庙宇，里面供奉着关帝、兴道王陈国峻和文昌帝君三圣。这里香火鼎盛，也是河内人最信奉的庙宇之一。跳着闹着的孩子、身穿奥黛的少女、头戴斗笠的阿伯，在这里可以看见各种各样平凡的、生动的面孔。

有趣的是，玉山祠内有不少碑刻和楹联，全部都是用中文写的。若是你碰见那些熟练地诵读碑刻上文字的人，不如上去打个招呼，也许他就是你的同胞。

为什么这里有这么多中文？有很多种不同的解释。有人说，这里是华侨建造的；还有人说，当时的建造者是汉文化爱好者。然而这座修建了近 200 年的庙宇，并没有留下详细的记录供后人考证，所以虽然这些楹联和碑刻陪伴河内人度过了无数个艰难时刻，但是上面陌生的文字，依旧会让当地人迷惑不已。

也有导游向那些金发碧眼的游客解释碑刻和楹联上的内容，但是很多时候都驴唇不对马嘴。如果你英语还不错，也可以走过去为他们纠错。

越南的巴黎圣母院
——河内大教堂

或许，对过去的河内人来说，河内大教堂并不是一座足够讨人喜欢的建筑。这座建于1885年的大教堂又名圣约瑟大教堂。相传，这座被誉为"越南的巴黎圣母院"的教堂，在建造之初并不是为了服务当地的百姓。设计师之所以给这座建筑披上新哥特风格的外衣，只是为了让远离家乡的法国殖民者能够产生家园般的亲近感。

这不得不说是一种讽刺，法国的殖民统治给越南人带来巨大的痛苦，然而这座高高耸立的大教堂却是为了让飞扬跋扈的殖民者一解乡愁？如此想来，当时的河内人们并不接受它也理所应当。

然而，时移世易，现在河内市已经不见法国殖民者的踪迹，人们也开始自己的新生活。他们试着和城中的法式建筑和解，其中也包括这座具有中世纪古风的河内大教堂。

教堂大门只有在举办弥撒时才会打开，平时需要从左侧小巷内的侧门进入。

开放时间：5：00—12：00，14：00—19：30。

弥撒时间：周一至周五的5：30、18：15；周六5：30、18：00；周日5：00、7：00、9：00、11：00、16：00、18：00。

　　周末和宗教节日的时候，来这里做弥撒的人很多。虽然教堂外墙已经可以看见岁月的斑驳，但是此处依旧是人们获得精神慰藉的场所。

　　来到这里的游客大多并不信奉基督教，然而身处于教堂之中，看见金碧辉煌的穹顶、透过彩色玻璃射进来的梦幻般的光、绘有圣经故事的玻璃窗，神圣宁静的感觉便悄悄来到人们身旁。

　　前排的老伯拿着一本小册子念念有词，不过结合册子上的画册，我们大概可以推断出这是与基督教有关的画册。老伯看书的速度很慢，却非常认真。有时候还会拿出本子和笔，记下书上的内容。

　　看到这样的场景，大概每个因为好奇而进来参观的游客，心中都会升起这样一个朴素的愿望：找一个没什么游人的下午，带一本书，来这里享受惬意的阅读时光吧！

坐落在独立圆柱上的寺庙——独柱寺

独柱寺，这是一个可以顾名思义的庙宇。

中国有句古话叫"独木难支"，独柱寺却恰恰是个反例。这是一座立在一根大石柱上的寺庙，面积不大，但是精致小巧。四边微翘的屋檐，有些像花瓣，从远处望去，独柱寺就像一朵正在盛开的莲花，想来寺檐下匾题"莲花台"也是这个缘故。

独柱寺的庭院不大，也没有太多的风景可以游览，但是此处的香火依然鼎盛。人们蜂拥而至，在寺庙前跪拜。

人们朝拜神灵，很大的一个原因就是认为神灵可以护佑自己，并且满足自己的心愿。来独柱寺的信众也有心愿，但是并不是求名、求财，而是求子。

这与一个传说有关。相传，李朝的李太宗年高无嗣。虽然他已经是一片疆域的帝王，但是一想到在百年之后，没有后人可以接替自己的皇位，他就不由得生出"人生不如意事，十之八九"的感慨。

他求得天下医术高明之士为自己医治，却依旧不能拥有自己的孩子。一天夜里，他梦见观世音菩萨站在水池的莲花台上，手里还抱了一个可爱的婴儿。不久后，李太宗娶了一位年轻貌美的女子为妻，这位女子后来为李太宗生了一个孩子，而这个孩子和梦中的男婴长得一模一样。

老年得子，李太宗喜不自胜。他认为这是神灵的恩赐，便令人按照梦中的景象修建了独柱寺。这个传说流传开后，那些一直没有孩子的信众便蜂拥而至。

人们总是对自己的孩子充满期待，或是希望他们足够聪明，或者期待他们长大之后能够出人头地……然而，对在此祈祷的信众来说，无论上天赐给自己的孩子是什么模样，在他们看来，都是独一无二的小天使。

这里也有不少前来还愿的信众。当地人说，孕妇挺着大肚子来这里上香是很常见的场景。有的孕妇一步一拜、三步一跪。看见孕妇挺着大肚子跪跪拜拜的时候，人们不由得为她担心。但是孕妇却一脸平静的模样，仿佛认为为自己带来孩子的观世音菩萨，也一定不会伤害这个孩子。

在上香或者跪拜的时候，她们神情肃穆，似是最虔诚的佛教徒。但是当她们低头抚摸自己肚子的时候，神情又变得柔和起来。此时，她们是最温柔的母亲。

小贴士

独柱寺就在巴亭广场附近，因而可以与胡志明陵墓、主席府、胡志明博物馆等景点一同游览。

第五章

不施粉黛，最自然的风光

　　河内人无疑是幸福的。城中，有与杭州西湖相媲美的河内西湖；城外，有连蝴蝶都会托付芳心的葡芳国家公园；若再往外走走，还有享有"海上桂林"之誉的下龙湾。

　　总之，在河内人的生活中，总是少不了郁郁葱葱的大树，以及五颜六色的花朵。就连那些沿街叫卖的小贩，都好像沾惹了一丝自然的气息呢！

恬静淳朴的河内第一风景区——西湖

河内西湖的历史有多悠久？早在李朝定都河内之前，西湖就已经是当地最为著名的游览胜地了。如今，西湖成为了河内地标之一。游览河内其他名胜古迹的时候，人们会拿西湖作为参照物：绕过前面那道堤岸就是竹帛湖、往里走就能看见镇国寺……

那么，此处与"淡妆浓抹总相宜"的杭州西湖到底有什么关系呢？实际上，说起河内西湖与杭州西湖的渊源，还有一个有趣的传说。

古时，天上有两个仙女私自下凡。纵然天庭中的美景并不比人间少，但是在看到充满生活气息的凡间之后，她们被深深迷住了。

或是在灯会中欣赏流光溢彩的花灯，或是沿着江河一路游览美景，或是去山林中品味"明月松间照，清泉石上流"……仙女们在凡间流连忘返。

但是天规并不允许她们在凡间长久停留。在将人间的快乐都享受了一遍后，仙子们决定返回天庭。多希望能在凡间留下自己存在的痕迹啊！大概是在人间生活得久了，她们也生出凡人般的念头来。

于是，她们各自从云端抛下一面梳妆镜作为纪念。这两面镜子分别落在中国的杭州和越南的河内，成了"西湖"。

虽然从名称来看，河内西湖和杭州西湖算得上是孪生姐妹，实际上她们并不相似。如果说，杭州西湖畔随处可见的柳丝，以及在水中摇曳生姿的莲花，让这座西湖变成了一位身姿窈窕，美丽却不张扬的江南美人，那么河内西湖畔那些高大而挺拔的棕榈树、青翠的芭蕉叶，则让河内西湖变成了一位开朗活泼、热情又温柔的热带美人。

虽然河内西湖和杭州西湖一样，都被人们所喜爱。尤其是旅游旺季，这里游人如织。然而此处却没有"河内第一风景区"的"自觉"，别说贩卖小吃的杂货店，甚至连彩色的商用大伞也没有。

当然，这里还是有商业气息的，只不过这些气息沾染上了休闲自在的味道。戴着斗笠的小贩将担子放在路边，里面香甜的热带水果立刻引得蝴蝶们飞来。而小贩们担着担子走在椰子树下的情景，就成了游客眼中独一无二的风景。

这里也有卖饮料和茶水的小摊，但是摊主仿佛并不重视自己的生意。他们随意摆上几张塑料凳，将茶壶放在竹篮中，便优哉游哉地靠在大树上和自己的同伴聊天。

或许，西湖旁最认真的就是藏在湖边街区树丛中的象棋爱好者。虽然"下得好""将他的军"这些话变成了越南话，但是除此之外，他们的神情与中国公园中坐在象棋棋盘边的大爷并没有什么区别。在他们提着"车""马""炮"在中国象棋棋盘上博弈时，时间也随清风远去了。

市井平民悠闲好去处
——还剑湖

老街区的中心位置，芳草萋萋、波光粼粼之所在，就是河内最著名的湖泊——还剑湖。沿着湖边走，浓荫如盖的大树、形态各异的古建筑、三三两两闲适的人们，成了游客眼中最美丽的风景。

据说，还剑湖的名称还有一段传说。古时，李朝太祖李利在蓝山起义之前，曾经机缘巧合地得到了一个剑身。说来也奇怪，这个剑身上面竟然刻着"顺天"二字。这岂不是暗示我顺应天意，揭竿而起吗？李利兴奋地想。

更为传奇的是，在不久后，这位李朝太祖竟然又捡到一把剑柄，而且与之前的剑身完全吻合。此时，李利已经招兵起义，少不了要上战场与敌人搏斗。当李利把剑身和剑柄拼在一起的时候，这把剑突然大放光芒，成了削铁如泥的宝剑。

拥有这把宝剑的李利，攻无不克战无不胜，最后建立了李朝，成了皇帝。这把宝剑难道是上天赐予我的宝物？李利如此认为。他经常将这把宝剑随身携带，将其当做自己的护身符。

然而，如果这把宝剑真的是上天赐予的神器，那么迟早有一天会被仙人召回。十年后的某一天，李太祖正在绿水湖上游览风景。突然，一只金龟从水面浮出，游到他的船边，对他说："既然你已经打败了敌人，就请将宝剑还回来。"

金龟的话音刚落，挂在李太祖腰部的宝剑就突然摇动起来，掉入金龟嘴中，金龟含着宝剑向湖底游去。李太祖虽然痛心跟随自己多年的宝剑被金龟拿走，但是仔细一想之后发现：这难道不是神仙现身吗？

于是，李太祖将金龟称为神金龟，并把绿水湖改名为还剑湖。传说，后来神仙又将李太祖的剑送了回来，并且插在了湖中心，现在湖中心的那座龟塔就是留在湖面上的剑柄。

　　然而无论这里是否曾经出现过金龟，还剑湖早已不是达官贵人的专属，而成了市井平民悠闲娱乐的好去处。

　　清晨，湖边的鸟儿还没来得及高歌，热爱跳舞的大妈们就"占领"了这个地方。大概对广场舞，全世界大妈们的喜爱都是一样的。这里的音乐别具越南风情，节奏鲜明。坐在湖边长椅上看她们跳舞的游客不在少数，或许这里面还有一个中国大妈呢。

　　此时，最烦恼的应该是树上的鸟儿，因为这些可爱的越南大妈的笑声太过动听，所以没有人来听它们的歌声。

　　在静谧的午后，这里会出现三三两两过来散步的市民。日光像水一样从人们身上滑过，将这些带着孙子散步的老人、或喜或怒的情侣、愁眉不展的中年人照得清晰明朗。

　　午后总归是有些闷热的，惹得人心中烦闷，偶尔从树梢处吹过来的风，将人们的烦恼连同那道无意间泛起的涟漪一起吹远了。

　　走累了，便坐在长椅中歇息一下。此时，还剑湖化身成一位温柔的母亲。不远处的蝉鸣、温暖湿润的气候、过路人的脚步声，都变成了最美的摇篮曲。

　　到繁星满目的夜晚，这里又成了年轻人的游乐场。路边演出的乐队前，总是聚集了不少活力四射的女孩们。当然这里还有动感十足的舞蹈团，即使不会跳舞，站在路边欣赏舞者的表演也很不错。

　　湖边有前来募捐的慈善团体，这些团体大多数是学生组织的，募捐到的钱会用来救助流浪猫、流浪狗。也有人带着音响过来，将音响打开，长椅瞬间变成舞台。

湖中有塔，塔中印月
——月色中的龟塔

白天，矗立于还剑湖中龟丘岛上的龟塔实在有些不起眼。因为没有任何桥梁能够抵达龟丘岛，所以龟塔属于只可远观的建筑。

远远望去，这个四角飞檐的小塔随处可见岁月的斑驳。若是一定要形容的话，这座小塔像是一个从火灾中逃出来的女孩。大火虽然没有夺走她的生命，却在她的脸上和身上留下了难以抹去的痕迹。

但是，明月高悬于天空之际，美丽的龟塔便重现人间。太阳与河内人挥手告别之后，人们便将龟塔上的灯光点亮。在橘黄色灯光的映衬下，龟塔的斑驳消失不见踪影，那犹如经历过火灾的伤疤也变得洁白光亮。

每月中旬，是龟塔最美丽的时候。一轮圆月挂在塔顶，颇有些三潭印月般的意境。湖中有塔，塔中印月。这样的美景，大概会引得消失的神龟重返还剑湖吧。

充满自然气息的野餐地
——竹帛湖

竹帛湖并没有西湖和还剑湖那样知名，但是单看这个名字，就知道它是多么风雅的所在。竹帛湖离西湖不远，仅有一条堤岸的距离。平时这里总是会被西湖抢走了风头：从西湖中传来的鼎沸的人声显得此处颇为寂寥。

竹帛湖也有树，有花，有一汪碧水，然而因为竹帛湖的面积比西湖小很多，所以有时候人们会将它看作西湖的内湖，而那些骑着单车迷了路的游客才会来到这儿。

也许正是因为这个原因，相比西湖，竹帛湖多了自然的气息。没人打理这里的植物，花草们便像获得了自由之身一样，在树下和水边疯长。有些树木就像调皮的孩子一样，悄悄地将自己的根茎伸向路边，大大咧咧的游人或许还会被它绊倒。

周末的时候，本地人便成了竹帛湖的"主人"。这时，湖面上总是回荡着孩子的笑声和父母的叮嘱声。

竹帛湖小，可是小也有小的好处，在湖面上游览风景实在是不需要费太多时间和精力。那些一边叮嘱玩水的孩子一边掌舵的父母，或许会庆幸："幸好这里没有西湖那么大。"

玩累了，坐在树下野餐最好不过。太阳移到头顶的时候，远远望去，竹帛湖边每一棵树下都坐着美食家。

这时，空气中弥漫的不是泥土的气息，而是饭菜的香味。只不过每家做的饭菜都不一样，所以人们也很难给空气中的这道菜肴取名字。不过，无论是什么样的菜肴，都能让无意中闯入的游客咽口水。

实际上，这里的饭菜并没有家里的好吃，因为过了一个上午，饭菜早就凉了。不过，饭菜虽不及家里，但是吃饭的心情却是独一无二的。

烟波浩渺的『海上桂林』——下龙湾

下龙湾与桂林颇有渊源。中国人到越南旅游，总是要去下龙湾，去的人多了，下龙湾竟然有了一个别具中国风味的称号：海上桂林。

下龙湾和桂林的确有相似的地方。比如，它们都是因石灰岩被水溶蚀而形成的喀斯特地貌，乘船游览，远处忽隐忽现的山，和近处的粼粼波光，总让人生出天地如此浩渺的感悟。

当然，它们也有不同的地方。桂林没有海，唯有漓江，所以人们在提到桂林山水的时候，用的词多是"精美玲珑"。

下龙湾的景色则是以一望无际的大海作为底色的。海上飘起薄雾的时候，人们还会以为自己误入了蓬莱仙境。夕阳西下，落日为海面披上了一层金灿灿的外衣，加上形态各异的山，此时的下龙湾就变得壮美起来。

虽然下龙湾是景区，但是在这里穿梭的以小竹船居多。并不是游客想换个花样，这些小竹船上大多是靠捕捞为生的渔民。渔民撑着一叶扁舟在海面上撒网的情景，就变成了游客眼中最美的风景。

这里也有大渔船，不过这些大渔船往往被渔民改建成了游船，一次能坐十几个游客。渔民并不遗憾自己的渔船变了样，一位渔民告诉我们，打鱼虽然也能填饱肚子，但是很少能因此攒下积蓄。近些年，随着下龙湾的名气越来越大，来到这里的游客逐渐增多，他们的收入比以前提高了很多。虽然他们依旧以打鱼为生，但是偶尔兼职做船老大和导游也很不错。

渔民的生活很传统，他们很少上岸，吃饭、睡觉、会客都是在自家的渔船上，来了风浪，他们就将船停进背风的海区，或者去山洞过夜。

小贴士

最佳游览季节：冬天，寒风很少到下龙湾串门，所以冬天的下龙湾仍然枝繁叶茂，美不胜收。

注意事项：河内市中有很多旅馆和酒店提供下龙湾的两到三日游，大家可以根据自己的行程选择。当然，也可以抵达下龙市或吉婆岛的码头再参加旅行团。

　　这样看来，渔民们似乎有些离群索居，实际上他们也有自己的小部落。船老大告诉我们，渔民们慢慢聚集在一起，就形成了小渔村。虽然"以舟为车，以楫为马"的传统并没有改变，但是他们也有自己的社交。

　　每次出去打鱼，渔民会将最好的鱼卖给游客，剩下的就和"邻居"一起拿到鱼市上去贩卖。鱼市离渔村较远，与邻居一起迎着落日，摇着船赶往鱼市的时候，自然也会聊上几句。

　　时间一长，两人就变得熟稔起来。过节过年的时候，总会互相"串个门儿"。要是今天没什么收获，或许还会收到邻居送来的活蹦乱跳的鱼呢。

站在山顶，俯瞰波围国家公园

在山顶俯瞰越南波围国家公园，极为惬意。

这个距离河内市约 65 千米的国家公园，其实是一个大型的植物公园。公园里有大量的景观和树木植物，它们肆意地生长着，不用担心有人会过来修剪它们。

在树丛间飞来飞去的鸟儿，悠然自得地鸣叫着，似乎将这里当成了一个原始公园，而过来游览的人们，只是误入森林的冒险者罢了。

在这里爬山最为惬意，人们完全不用担心自己的体力，这里的山路对人类格外友好，更别说不断为人们提供氧气的花草，和那些时不时飞来为登山者加油打气的蝴蝶。

等到真正登上山顶的时候，才是最让人难忘的时刻。沐浴着温暖的日光，看公园中绿树成荫，听红河如千军万马奔腾而来的声音，一种快慰便不由分说弥漫全身，之前的疲惫也会消失得无影无踪。

梦一般的相遇
——吉婆国家公园

游览吉婆国家公园，需要拥有充沛的体力和坚强的毅力。因为这个公园占地约 150 平方千米，从外围景点到中心地带就需要至少一天的时间。

为什么这个公园这么大？因为这里本就是漫无边际的原始森林，只不过当地政府将这片森林划为国家级自然保护区罢了。因此，很多游客会有这种感觉：虽然在吉婆国家公园中游览，却有种在原始森林中探险的感觉。

这里的原始气息很浓，在高至人半腰的草丛中间，藏着一条弯弯曲曲的小道。假如人们没有发现这是一条石板铺成的小道，大概不敢轻易走上去，因为远处蜿蜒交错的古树，以及空旷的鸟鸣声，都会让人产生这样一个错觉：此处有蛇出没。

实际上这里并没有蛇，有的只是在树林中穿梭，抢了你手中食物就跑的小家伙——金头黑叶猴。当然，也有呆头呆脑的小猴子。当你与它相遇的时候，它不会逃跑，也不会攻击你，只会和你大眼瞪小眼。

　　然而，猴子并不是游客最期待的生灵，小鹿才是。若能在这片原始森林中，远远地发现一只小鹿，看着阳光透过树叶散在它的身上，欣赏它迷人的身姿，这次丛林探险之旅才算是完整。

　　当人们与它们相遇的时候，往往是不舍得惊呼，甚至来不及思考。人们只能将自己的目光牢牢地锁定在这些自然界的精灵身上，看它们悠闲地吃草，或是迈着优雅的步子，走进更为茂密的丛林中。直到它们走远，人们依旧没有缓过神来，好像方才自己不小心钻进了童话书中，才会与小鹿有一次梦幻般的相遇。

　　交通：从吉婆镇乘坐巴士就可以抵达公园管理处，约30分钟，餐馆和旅馆都有车票出售。当然也可以选择租摩托车前往，比巴士贵一些。

菊芳国家公园中轻盈从容的蝴蝶

或许，菊芳国家公园应该改名为蝴蝶谷。

每年五月，这里便成了蝴蝶的游乐场。上百万只蝴蝶在公园中飞舞，或是穿梭在千年古树间，或是停在游客的肩头。这些蝴蝶不知是在采蜜，还是在向人们展示自己轻盈的姿态。

五月也是菊芳国家公园中游人最多的时候。那些拿着相机的外国游客最兴奋，他们追逐着蝴蝶，兴奋得像个孩子。追到蝴蝶并不难，因为这里到处都是蝴蝶。有人说，这里的场景，倒有些像满城柳絮的情景。

但是与蝴蝶合照却不是一件容易的事情。这些大自然中的小精灵们，可没有工夫停下来和游人合照。因此，即使在技术高超的摄影师的镜头中，蝴蝶依旧是朦胧的——在人们的笑脸旁边，只有一个模糊的背影。然而人们却来不及懊恼，因为刚刚放下照相机的他们，早就去追逐蝴蝶了。

除了蝴蝶，还有一样事物也很难清晰入镜——孩子。虽然孩子们没有翅膀，但是在他们心中，自己和蝴蝶没有区别。因为相比整日板着脸的大人们，这些自由自在的小生灵更加亲切。

他们跟着蝴蝶跑，并不是要与它们合照，只是想看清楚这些轻盈从容的小家伙们。不过蝴蝶好像也有点害羞，当孩子们靠近它的时候，它们就扇着翅膀飞远了。

父母跟着孩子跑，并不是担心孩子会在这片"原始森林"中迷路——不过这也是有可能的，因为这里到处都是郁郁葱葱的大树——而是想给孩子留下最动人的童年记忆。

孩子并不懂父母的苦心，他们眼中只有浪漫梦幻的蝴蝶。若是父母在背后呼唤他，他还有些老大不乐意呢，所以镜头中的他不是愁眉苦脸，就是如蝴蝶一样只留下一个模糊的背影。

蝴蝶也有自己偏爱——那些担着担子的小贩。或许小贩们也会产生追逐蝴蝶的念头，但是他们肩头的担子太沉了，并没有精力欣赏蝴蝶。而且，对那些长久生活在这里的小贩来说，这些每年都出现的小家伙并不稀奇。看见游客们想尽办法想让蝴蝶长久停留的情景，他们或许还会想："这些都是小时候的我玩剩下的。"

于是，他们径直往前走，丝毫不理会这些伪装成花瓣的蝴蝶。蝴蝶很喜欢这些有"个性"的小贩们，或是停留在他们的担子上，或是停留在他们的衣角边。要是人们能听懂蝴蝶的语言，大概能听到蝴蝶在对小贩说："你怎么不理我了，是谁在小时候总追着我跑？"

第六章

俗世生活，越南风情

被越南风情迷住是一件极为正常的事情。

无论是骑着摩托车从你身边呼啸而过的妙龄女子，还是头戴斗笠沿街叫卖的小贩，或是在窄得有些奇怪的民居前喝咖啡的老伯，都是专属于这座城市的美景。

有时候，游客会向他们投以惊奇的目光，但是他们却丝毫不在意。因为在他们看来，这些都是再普通不过的俗世生活罢了。

越南街头独一无二的风景
——摩托族群

摩托王国，这或许是大多数游客对越南的第一印象。大街上到处都是摩托车，首尾相连。红灯亮时，摩托车挤在停车线前停下，能排出去百十辆。

绿灯亮时，街道好像变成了赛车场，发动机一响，刚刚还在面前的摩托车骑手，便瞬间消失在人们眼前。若不是还能在前面的车流中找到他的身影，人们甚至怀疑那位骑手使用了隐身法术。

其实说这里是赛车场也没有错，因为几乎每一个越南人都是技术高超的骑手。发动、转弯、刹车，看似每一个动作都很危险——这里的摩托车实在是太多了，没有一辆可以和前面的车保持"安全距离"，但是越南人却可以做到"人车合一"，总能在关键时刻停下。或许，让他们直接去参加公路赛也不会有问题。

　　摩托车上的风景更加独特。载着亲人的中年人是"摩托大军"中的主力部队，后座上的亲人似乎对司机的技术格外放心——有伏在司机背上睡觉的，有忙里偷闲吃早餐的，甚至还有在后座上看书的。

　　摩托车"大军"中还有老年人。老人骑车的速度一点都不输给青年人，像一阵风一样消失在人们视野中。坐在后座的老太太，两手抱住老头儿的腰，头靠在老头儿背上，有点像与意中人私奔的小姑娘。

　　有些摩托车严重超载。一家三口都挤在摩托车上并不是稀奇事，游客甚至会看到一家五口都坐在一辆摩托车上的情景。这时，游客会不由得感叹越南人驾驶摩托车的技术。但是，当看到摩托车后座上绑了一只大黄牛的时候，人们又会转而感叹越南摩托车的质量了。

　　越南人的摩托车后座上到底有什么？三四个亲人？实木桌椅？还是几十斤水果？这是一个没有标准答案的问题。大概，越南人秉持着这样一个观点：只有想不到，没有载不动。

　　正因为摩托车是人们最主要的交通工具，所以很多事物都在为摩托车让路。比如：为了方便摩托车随时借道，人们将马路牙子砌成斜坡状；人行道被商家占用，骑在摩托车上的人只要招呼一声，店主就会把客人要的东西拿过去。

　　街道上随处可见"洗摩房"，这有点类似于临街的洗车房，不过这里洗的是摩托车。觉得摩托车脏了，人们就会停下来。洗摩房的小弟速度很快，几分钟后，人们就能骑着锃亮的摩托车继续前行。

寄托于长长扁担两端的生活

河内人似乎将扁担当做手提包，要是出门时东西带得多，就用扁担挑着东西走。因此，要是你在河内市街头看到挑着扁担走路的人，也不用感到惊奇，他们并不都是小贩，也可能是出来郊游的。

不过扁担的确是小贩的最爱。他们最喜欢沿街叫卖，看到人流量足够大的时候，才会将扁担放下来。他们将竹筐上的布掀开，里面的"宝藏"便露了出来：水果、矿泉水、几张塑料板凳。

小贩拿出塑料板凳坐下，开始叫卖起来。他们很聪明，总是能知道游客需要的是什么：渴了，他有冷饮和水果；饿了，他有各种越南风味的小吃；累了，他还有塑料板凳。等游客散去，小贩的商品也卖得差不多了。于是，他挑起担子消失在暮光中的人流中。

新年——越南春节
一边野餐 一边等待

越南人也过春节，每到年末，家家户户便开始忙碌起来。越南人过春节离不开花，所以他们为春节做准备的时候，第一件事就是去花市中买花。花市中，小贩早就把花架子搭好，花卉也都是含苞待放的，让人想多捧几盆回家。

河内人最喜欢桃花，这种满含春天气息的花卉，不仅给人一种欣欣向荣的感觉，其红色的花瓣还与春节喜庆的气氛极为相符。

人们行走在花市中，慢慢挑选。虽然想将花市中的花全都买回家去，但是也有力不从心的时候。比如，那些生活拮据的人，自然不能像家庭富裕的人一样，将价值一万多元人民币的桃花盆栽捧回家，但是带几枝桃花回家也很不错。

　　选好了花卉，接下来就是写对联。越南历来有写对联的习惯，因古代越南深受中国儒家文化的影响，社会中极其尊崇汉文化，所以原来的书面语是汉字。那个时候，在春节之前，家家户户会请附近擅长书法的先生写对联，若是有人在春节的时候不小心闯入越南，大概会以为自己还在中国境内呢。

　　不过，在越南沦为法国殖民地之后，拉丁字母的拼音文字——国语字便成了越南人的书面语。因此，现在越南人的春联上不再是汉字，而是拉丁字母。越南人也真是聪明，他们发展了一套拉丁字母的艺术字体，专门用于写春联。

等待新年的到来最让人激动。除了在家里与家人一起吃年夜饭，看电视节目，越南人更喜欢走出家门，一边欣赏夜景，一边等待新年的到来。

这时，西湖和还剑湖变成了人们狂欢的场所。当然，虽说是狂欢，其实这里更加像是家庭野餐的聚集地。湖边张灯结彩，一片一片的小彩灯将湖水照亮。不知道，还剑湖中的神龟是否也会浮出水面，享受这一日的欢愉呢？

人们在草坪上铺上草席，一家人围坐在一起，一边分享这一年的喜与悲，一边品尝小食。小孩子总是不能安安静静地坐在草席上，他翻来滚去，似是想为长辈表演翻跟斗的绝技。有人打开手机开始放歌，翻来覆去就是那几首民歌，听得久了，那些从没听过这些歌曲的孩子们都开始跟着哼唱。也有来此做生意的小贩，他们手中五颜六色的气球让孩子们眼睛放光，惹得孩子们吵吵闹闹地要父母给自己买一个。不过当孩子们闻到路边烤鱼的香味时，注意力又被转移走了。这时，父母并不会拒绝他们的要求，因为他们也早已被焦香的烤鱼片吸引住了。

人们一边剥瓜子，一边闲聊，时间飞快地流过，午夜 12 点来临。聚在一起倒数是最为美妙的时刻，似乎这些一个一个远去的数字，可以将前一年的烦恼和痛苦带走。等新的一年来临的时候，远处会应景地燃放起烟花。此时，再冷漠的人都忍不住与身边的人拥抱。

而后，人们慢慢地向家中走去。他们脸上看不出一丝倦意，而是正兴奋地对身边的人说新年的计划。或许，每个人都需要这样一个从头再来的机会。只有孩子们没有忧愁，他们早早地趴在父亲肩头睡着了，连那此起彼伏的鞭炮声都没有吵醒他们。

去同春市场，感受地道的市井文化

要体验最地道的越南市井文化，还得要去河内的同春市场。

这是河内老城区最大的综合集贸市场，当地人得闲都喜欢到这里逛一逛，从清晨开始到晚上收市，这里总是挤满了河内人。

外国游客常常混迹在这些当地人中，看身穿奥黛、柔媚娇俏的女孩气势汹汹地和老板讨价还价，馋嘴的孩子向父母讨要蜜饯，白发苍苍的摊主与同伴悠闲自在地聊天。即使什么也没有买到，也觉得自己收获满满，尤其是那份被生活气息感染而变得愉悦的心情。

能够说越南话的游客，或许还会和那些得闲的摊主聊天。最开始，摊主的话题总是离不开自己的商品——你看这些服装的花色多么鲜艳，又具有传统风味，最适合买回去。

　　游客也会给面子买几件，因为这里的商品实在不算昂贵。如果将其与国内市场对比的话，就是商品多种多样，质量却参差不齐的批发市场。

　　等游客将老板"推销"的商品拿在手里的时候，老板在喜笑颜开之余，也会稍微放松心中的防备，和游客聊起家常来。老板或许会向游客感叹生活的艰难，说自己每天天没亮就要起床，忙到凌晨才能睡觉，但是挣得却不多。不过末了，老板还是会加上一句：生活就是这样，苦日子过到头了，剩下的就是好日子。

　　老板和游客越来越热络，什么话题都会聊上几句：从孩子到老人、从国内到国外……不过，当满眼新奇的顾客来到老板的摊位前，老板就立刻抛下自己的"新朋友"，笑容满面地为顾客介绍自己商品的特色去了。

吃槟榔是一切故事的开端

或许，没有哪一个国家的百姓，会像越南人这样喜欢吃槟榔。槟榔本身是一种很便宜的果子，在很多地方都可以看到，即使是穷苦人家也可以买上一大袋。然而，这种看上去并不特殊的果子，却深入到了越南人生活的方方面面。

越南人有句话叫："吃槟榔是一切故事的开端。"这是因为在越南，无论客人怀着什么样的目的来拜访自己——甚至是过来吵架的，主人都会先用槟榔款待客人。

中国有句古话叫"来而不往非礼也"，其实越南也有类似的俗语——"亲宾来往非槟榔不为礼"。因而不仅仅是主人要先准备槟榔，客人也会带上一些槟榔做礼物。

客人带过来的槟榔都是经过精挑细选的：果子要又圆又青，蒌叶既不能过大又不能过小。相比客人的精细，主人准备的就随意多了：将槟榔切成小块即可。

虽然有的人家很讲究槟榔的切法和蒌叶的折法，以表示家庭或者家族的高贵，但是大部分越南人都是将切好的槟榔随意地摆在盘子中。因为在越南人看来，请客人嚼槟榔的意义，不在于槟榔的造型是否高雅别致，而在于和客人一起嚼槟榔，互相分享喜悲的过程中，人与人之间的距离也缩短了。

槟榔不仅仅是越南人会客的小点心，实际上，在越南民间传统庆典、庙会活动和家庭红白喜事中也少不了它的身影。古时，槟榔是男女之间定情的信物。如果男方将槟榔送给了女方，就表明这个女孩子是男方的意中人。因此，媒婆到女方家第一次说媒的时候，送来的不是名帖而是槟榔，这是说媒的见面礼。

为什么越南人如此喜爱槟榔？大概与一个传说有关。

相传，在古代有一对双胞胎兄弟感情特别好。他们俩不仅长相一样，甚至连语言动作、饮食习惯、衣着打扮都十分相似，所以人们难以分辨他们谁是哥哥，谁是弟弟。

当他们长大后，老师将自己的女儿嫁给了哥哥。这个姑娘和哥哥的感情非常好，但是她也有相同的烦恼：分辨不出谁是弟弟，谁是自己的丈夫。

一次，两兄弟出去干活，迟迟没有回来。姑娘很焦急，一直站在门口等待丈夫。突然，她看见村口出现了一个与丈夫长相相似的人，没来得及细想，她就冲上去抱住了这个人。然而仔细一看，这个人却是她的小叔子。

弟弟觉得对不起哥哥，他跑到一条小河边，伤心地哭泣，最后力竭而亡，变成了河边的石灰。

哥哥见弟弟不见踪影，便四处寻找弟弟。他来到小河边，却不知道身边的石灰是自己的弟弟。一想到弟弟可能遭遇了不测，他也不由得放声大哭起来。最后，他和弟弟一样力竭而亡。死后他变成了一棵槟榔树。后来他的妻子也死在河边，化身成了蒌叶树。

这件事情发生后不久，一位皇帝从这里路过。村里的人将这个故事告诉了他，他听后将信将疑，叫人将树上的槟榔摘下来品尝。他把槟榔的皮剥掉，摘一个蒌叶，再加上一点石灰卷起来放在嘴巴里面嚼。没想到，嚼出来的汁是血红色的，皇帝这才相信这个故事是真实的。

为了纪念这两兄弟和那位姑娘，人们便有了吃槟榔、送槟榔的习惯，并将这个习惯变成了习俗流传至今。

不管这个故事是否是真实的，这个在越南各种仪式、节日中必不可少的小果子，已经成了越南传统文化的一部分。

美丽的象征
——乌黑发亮的牙齿

说到嚼槟榔，就不得不说越南的另一个风俗习惯：染齿。

很多人都知道，如果长期嚼槟榔，牙齿就会变黑。对爱美的女孩来说，仅这一项就足以让她对槟榔敬而远之。但是越南女孩却不会因此烦恼，因为越南自古就有染齿的风俗。

越南人认为，白齿是作风不正的象征。在越南民歌中，白齿基本上和"傻""呆"这样的含义联系在一起。比如，"白齿像犬齿""白齿如呆齿"。人们认为，要是谁保留白齿，就会被亲朋好友嘲笑。他们甚至认为，一个人无论有多美丽，要是牙齿不够乌黑，她的姿色也会大打折扣。

那些待字闺中的女孩们十分看重染齿——"出嫁要与丈夫旗鼓相当；用功面饰，黑齿桃颊"。我们的眼前几乎可以浮现出这样一幅画面：那些年近十六的女孩们，也许早已定下了人家，甚至一个月之后就要出嫁。想到自己未来的丈夫，她们伏在梳妆镜前，不由得出了神。

成亲不是过家家，她将拥有很多种新身份：妻子、媳妇、母亲。曾经的她被父母宠着，犯了错也不用担心，但是成亲后就不会有人像父母一样宠爱她，她不由得发起愁来：要是自己和婆婆相处得不够好怎么办？丈夫会站在自己身边吗？

而那些与未来夫婿仅有几面之缘的女孩更加担忧：不知道丈夫的品行，也不知道自己的脾气性格与他是否相投。想来想去，她的担忧比期待多，温暖湿润的风也不能为她吹走愁绪。她看着镜子中的脸，总觉得自己不够完美，竟产生自卑的心理。

当她将自己的烦恼告诉母亲之后，母亲摸了摸她的头，对她说："我来帮你染齿吧。"

染齿并不是一件轻松愉快的事情。除了长久嚼槟榔会让牙齿变黑之外，越南人还喜欢用药物将牙齿染黑。但是这些药物大多数都是含有热力的辣质，会让唇、舌发肿，因而染齿的过程并不轻松。

而女孩在忍受这次小小的疼痛之后，还要在未来的半个月内禁食米饭和硬食。那些不需要咀嚼的食物，比如米粉、白粥，便成了女孩这半个月的主食。

美丽是需要付出代价的，无论这个代价是汗水、金钱，还是眼泪。在染齿和禁食的时候，女孩或许也曾想过放弃，甚至有点抱怨为自己染齿的母亲。

不过，当她们看到自己乌黑发亮的牙齿时，这些天承受过的痛苦，顷刻间烟消云散。至于对出嫁之后生活的担忧，也被这个在梳妆镜前欣赏自己黑齿的少女忘记了。

说一声"召"，与越南人打个招呼

刚来到越南的人，或许会以为"召"代表的意思是"你好"。因为早晨出门时，酒店的服务员会对你说一声"召"。

但是没过多久，刚刚窃喜自己能够用越南话和当地人打招呼的游客，又会产生新的迷惑——当自己准备离开特产店的时候，店主对自己说了一声"召"。

"召"难道不是"你好"的意思吗？实际上，"召"的确有"你好"的意思，但又不仅于此。

在越南话中，"召"是一种称呼，而且不分早晚。这大概是越南人使用频率最高的一个词语，早安、晚安，都可以用这个词来代替。

同时，"你好""再见"都可以用"召"来表达。明白了这一点，游客也就掌握住了一个诀窍：要是与越南人见面的时候，不知道说什么的话，不如就说一声"召"吧。

国宝级的表演艺术
——水上木偶戏

来到河内，怎么能错过水上木偶戏？这可是越南国宝级的表演艺术。

这项出现在一千多年前的表演艺术，在最开始的时候，是一种向皇帝祝寿的艺术礼仪。宫人在水池上搭起舞台，隐藏在后台的演员则用长线或者竹竿操纵木偶，使之表演出各式各样的动作。

想来，无论是整日忙于朝政的贤君，还是耽于享乐的昏君，都会被这种让人拍案叫绝的创意木偶表演吸引。也许忙着看奏折的皇帝会暂时放下手中的朝政，让演员再表演一个故事。而整日只会与嫔妃嬉戏的皇帝，也会推开身边娇媚的妃子，专心致志地欣赏这项艺术。

后来宫廷表演者流落到民间，并将这项表演艺术传授给普通民众，百姓们才有机会欣赏到如此独特的表演。

　　那个时候，乡间的湖泊和池塘是最佳的表演场所。池塘没有茶馆那么清雅，夏天的时候，这里的蚊虫总是很多。但是百姓们却并不在意，早早地就来这里占位置了。

　　为了早点赶过来，他们往往一干完农活就往池塘边跑，也没来得及换一件新衣裳，有些人衣角上还能看到泥点呢。也有准备充分的人，他们安稳地坐在木椅子上，或许还会掏出虾饼来，让其他人羡慕不已。

　　不过，在水上木偶戏开始之后，人们便不会在意自己是否能坐着，或是衣领上有多少个泥点。

　　水上木偶戏的故事大多数都是以历史故事或者传奇改编的，百姓们不用思考故事中的寓意，只需要跟着木偶一起哭、一起笑就可以了。

　　在看到木偶的家园被大自然摧毁，木偶们勇敢地接受大自然的挑战，并乐观地重建家园时，人们或许会发现现在不是感叹收成不好的时候，回家和亲人好好商量一下，看看如何让粮食增产更重要。

　　看到还剑湖金龟索剑的越南神话故事时，人们又开始怀念那片河内市中最出名的水域。有多久没有去还剑湖、李国师寺看看了？想着想着，他们竟出了神。

　　但是等故事表演完，掌声响起的时候，他们总能回过神来，因为接下来还有一个重头戏。突然，水中冒出了几个人头——别害怕，他们是水上木偶戏的表演者。

　　这时总会有惊呼声传来，一般是孩子发出来的。"为什么他们会从水底冒上来，他们一直待在水底吗？"孩子瞪大了眼睛向父母请教。父母回答得有些敷衍："是的，在表演的时候，他们一直待在水底。"

　　其实，并不是父母故意忽视孩子的问题，而是第一个问题他也回答不上来。或许在小时候，他也认真地思考过这个问题，甚至试过自己在水池中憋气。但是他失败了，因为水性再好的人，也无法做到在水里憋气一个多小时。

　　最后，他得出了这样一个结论：这些演员都是鱼儿的化身。这个小家伙会得出什么样的结论呢？他转过头看了看自己的孩子，甚至开始怀念自己的童年。顿了顿，他对孩子说："别想了，这时候只需要鼓掌。"

小贴士

越南最具代表性的水上木偶剧团是河内的升龙剧团。想要欣赏最原汁原味的水上木偶戏的人，不妨来这里一饱眼福。

表演时间： 每天演出6场，每场演出约为1小时，有多种语言的节目单可以取来看。

注意事项： 这里的水上木偶戏十分受欢迎，最好提前买票。

感受越南磨漆画中的生活气息

要感受河内这个城市的生活气息有很多种方法。你可以坐在街边的小吃摊上，一边品味水果沙冰，一边看挤在摩托车上的一家四口；可以去同春市场，寻找具有当地特色的小玩意儿，然后和老板讨价还价；也可以买一幅磨漆画，感受这个城市最原始、最质朴的生活气息。

几百年前，中国的漆工艺传到越南，并在越南流行开来。虽然说越南磨漆画的根在中国，但是越南的工匠却为这种艺术品增添上了本地风情。

在欣赏越南磨漆画的时候，人们不难发现隐藏在艺术品中的生活：那些茂密的竹林、斑驳的白墙、五彩缤纷的晚霞、金灿灿的稻田、湖边的一叶扁舟……向人们描述了一个又一个平凡又动人的场景。

或许在越南人看来，只有用心地感受生活，才能让艺术焕发出别样的光彩来。

京族最隆重、最热闹的节日——哈节

越南有 50 多个民族，也有自己的"汉族"，那就是京族。据统计，京族占越南总人口的近 90%。

京族和汉族有些像，因为他们也要过春节、端午节、中秋节等传统节日。但是除了这些节日之外，京族还有属于自己的节日习俗，"哈节"就是其中之一。

哈节，又称"唱哈节"。所谓唱哈，指的就是唱歌。因此，在过哈节的时候，人们要欢聚在一起，通宵歌舞，并举行迎神、祭祖、比武、角力等活动。

在这个节日中，最重要的莫过于"哈妹"和"哈亭"。哈妹是在哈节演唱的歌手，一般是歌声最动听的女孩。但是有趣的是，哈妹并不局限于一人，只要唱得足够好，都可以成为哈妹。

这大概是哈节中的人情味，只要热爱，人人都可以成为舞台上的焦点。不过这样安排也是有原因的，唱哈活动要连续进行三天三夜，如果只有一个姑娘担任哈妹，未免太过勉强。

　　哈亭就是人们唱哈的场所，这座具有越南风味的建筑物，其建造本意是纪念一位歌声动人的仙子。相传，古时，人们遭受到帝王的剥削和压迫，生活极其不如意。但是却没有人敢将自己的委屈和不满说出来，因为皇帝的鹰爪遍布天下。直到有一天，一位歌仙来到人间，用曲调优美、含义深刻的歌曲来反抗当时的腐朽统治，受到百姓们的热烈欢迎。

　　后来，歌仙返回天庭。为了纪念她，人们修建了哈亭，并每年在此迎神、祭祖、唱哈。现在，哈节早已成了京族最隆重、最热闹的节日。

越南人俗世生活的起点
——越式民居

　　个城市的建筑特色在哪里？或许没有去过越南的人，会满不在意地说："特色？不过是高楼大厦，或是古色古香的建筑，难道还能逃出这两种类型来吗？"的确，人们似乎对越南的建筑没有多大的期待，或许有，但是大多集中在那些有千百年历史的古建筑上。

　　然而，当人们来到河内市之后，在街道中漫步的时候，却被路边那些极为普通的民居吸引住了。

　　是的，这些民居极为普通。它们既没有古建筑的飞梁画栋，也没有现代建筑的创意和激情。有人说它们算是法式建筑，那些欧式的圆柱和拱门就是最好的证明。然而这样的法式元素实在太少，少到人们需要仔细观察才能发现这些民居的法式风情。

　　若是清晨，或是黄昏——这些阳光将一切变朦胧的时刻，民居中的法式风情完全被隐藏起来。这时，这里的民居变得更加平凡，倒有些像游客小时候住过的老房子。

那么，为什么人们会被它吸引住？大概是因为它的形态。如果将这些民居比喻成人的话，应该是《鹿鼎记》中的瘦头陀。瘦瘦高高应该是褒义词，但是放在瘦头陀身上却行不通，因为他过于突兀。

河内的民居就是这样。从比例上来看，这里的建筑非常不协调。一栋八层高的房子，宽度却只有4米，是不是有些难以想象？但是这样的情景在河内并不少见。一栋想要探索天际的房子，却没有足够宽的立足之地，就像单脚站在木桩上的人，给人一种摇摇欲坠的感觉。

其实，越南之所以出现这种又窄又高的房子是有原因的。

越南地狭人密，土地紧张，要拥有自己的房子并不容易。但是，越南的土地是私有的，盖房之前要先买地，买完地之后就能永远居住在这里。

任何一个国家的人都对"家"格外看重，越南人也不例外。既然可以拥有自己的土地，那我为什么要租房子住？人人都想买一块地，但是因为土地价格高涨，所以大多数人都只能买得起很小的一块地。

那些能够买大片地的人也选择建造这样又高又窄的房子。因为越南的地价税是以房屋所占路面宽度来计算的，房子越窄地价税就越低。为了少缴税，富人也造起这样的房子来。

这里寸土寸金。来到河内市街头，人们可以看到这里的民居如同连体婴儿一样，一幢挨着一幢，不留一点缝隙。

在游客看来，这样的民居也许算不上"美丽"，但是这里却是河内人俗世生活的起点。

清晨，河内人从民居中出来，跨上摩托车，在看一眼这座瘦高形的建筑之后，他们往前驶去，河内人的一天便开始了。

中午，这里格外寂静。年轻人都不在家，只有几个老人在楼下自在地聊天。中午太阳照得人又闷又困，老人们也忍不住打起哈欠来。于是，他们又回到清凉舒适的家中。当然也有闲不住的老人。他们将自己制作的茶点拿出来，挑着担子去西湖或者龙边大桥卖茶点。

等夕阳为这些建筑披上金黄色的外衣时，这里又变得热闹起来。大家都乘着摩托车回来了，孩子们蹦蹦跳跳的，像只小鸟似的围着爷爷奶奶转，迫不及待地将今天在学校里发生的事情告诉老人。或许孩子们说得太快，爷爷奶奶根本没有听懂，但是孩子们的笑声足以让他们的眼睛眯成一条缝。

到了夜晚的时候，暑气渐渐消散，人们会到楼下乘凉。这时，他们难免会遇到几个在城市中闲逛的游客，这些游客或许会对这些造型奇特的民居指指点点。但是人们却一点也不在意，他们看了一眼身边的亲人，温暖不由分说蔓延全身。

在人力三轮车上体验生死时速

　　也许很多人对越南人力三轮车的第一印象，是始于一部梁朝伟主演的电影《三轮车夫》。这部电影颇为阴郁，它揭示了很多社会问题。在观看的时候，人们会不由自主地为越南底层人民的悲欢离合感到忧心。

　　无论如何，通过这部阴郁又带有一丝浪漫气息的电影，越南的人力三轮车走进了人们心中。来到越南，即使不是梁朝伟的影迷，也要坐上人力三轮车，让自己好好地享受一把。

　　当坐在人力三轮车上，在河内市的大街小巷中穿行，并且自在地欣赏林荫大道旁带有百叶窗和瓦顶的砖质建筑时，人们大概会产生一种身处电影中的朦胧感。

　　人力三轮车夫大多居住在河内的郊区，属于这个城市的贫民。在太阳还没有为这个城市带来第一抹光亮的时候，他们就急急忙忙出门了。先到火车站、汽车站转悠，看看有没有愿意体验这种别致交通工具的旅客。

　　此时，他们的竞争力远不如出租车司机。刚刚来到这个城市的游客，大多数带着大件行李，小小的人力三轮车实在是装不下。

　　等太阳慢慢爬上了树梢，在天空中伸懒腰的时候，他们的生意才红火起来。车夫们将自己赖以生存的工具拖到旅馆门前，那些曾经嫌弃人力三轮车空间不够大的游客瞬间变成了这种交通工具的忠实支持者。

对这些"忠实支持者"，车夫们总是有"宰一刀"的温柔。即使是一小段路，也要 2 万越南盾。当然，也很少有游客愿意当那只被宰的羊，砍价是必不可少的。如果是擅长砍价的人，或许能将价格降低到 8000 越南盾。

这时，车夫的心情还算是愉快，虽然刚刚被砍价的不甘心还闷在心中，但是早晨凉爽的空气就能够安慰他。特别是靠近西湖、还剑湖等景点的时候，当湖面上湿润的风吹过来的时候，他的不甘心也渐渐消失。

或许因为车夫的心情不错，所以他常常会给游客"露一手"。他大胆地带着乘客在街道中穿梭，速度极快。或许摩托车还会顾忌红绿灯，但是车夫却丝毫不在意立在路口的这个大家伙。转弯、超车，车夫如行云流水般流畅。

车夫信心满满，乘客却提心吊胆。在马上撞上前面那辆摩托车的时候，他们不由得尖叫。而车夫早已习惯了这样的场景，总能在马上要"吻"上摩托车的时候及时地刹车。乘客的心总算放了下来，但是当他们仔细一看的时候，却又想感叹自己"大难不死"——此时三轮车离摩托车只有 10 厘米左右的距离。

有人说，在越南体验人力三轮车，实在是有种体验生死时速的感觉。

然而，现在来到河内，想要体验"生死时速"并没有那么容易。最近由于行政规范，人力三轮车已经不允许在热闹的大街中行走。又因为这种三轮车来源于法国侵略者——原为法国侵略者能自在地欣赏街景而造，所以不少越南人建议取缔三轮车的运行。

不知道下次去河内的时候，还能不能乘坐这种具有越南风情的三轮车？

与百姓生活交织在一起的铁路

来到河内，人们大概会为这样的情景所震撼：一条铁路从居民区中穿过，人们将轨道当成马路，在此摆摊、休息。

这是一条废弃的铁路吗？并不是。有时候，列车会沿着这条铁路从居民区中穿过，而刚刚嬉戏打闹的人们，像是被施了魔法一般，从铁路上消失了。

河内人将这样的铁路称为"米轨"。当游客走近这条铁路的时候，就会发现人们如此称呼的原因：这里和其他的铁路有些不同——这是一条狭窄的铁路，大约只有1米宽。

然而即使建造者将这条铁路设计得极为狭窄，但是生活在铁路旁边的百姓们还是觉得这条铁路离自己太近了。他们家的大门和铁路实在太"亲近"，以至于闭上眼睛往前跨一大步就可能被铁轨绊倒。

或许火车通过时巨大的噪声，以及在火车快经过时依旧在铁轨上玩耍的孩子，都曾让他们忧心。然而，日子久了，人们竟习惯了这条铁路，并将其当做自己生活的一部分。

　　没有火车经过的时候，这里便成了当地人最佳的休闲场所。这也许是无奈之举，因为出门就是这条铁路，自然只能将这条铁轨当成自家门前的空地。

　　于是，人们将小椅子架在铁轨上，三三两两地围坐在一起，悠闲自在地聊起天来。坐在铁轨上的大多是老人，因为他们早已摸清楚火车会在什么时候过来。他们对孩子们招招手，告诉他们不用担心火车。此时，在孩子们心中，走路有些颤颤巍巍的老人变成了"智慧"的代名词。

　　也有在铁路两边开小食铺的人。这种小食铺似乎遵循"简洁主义"，几张小椅子、一个可以盛放食物的锅子就是这个流动商铺的"家当"。

　　别看小食铺简陋，但是生意却很好。无论是坐在铁轨上闲聊的老人，还是蹦蹦跳跳的孩子们，或是慕名来参观的游客，总要来这里买上一碗特色小吃。

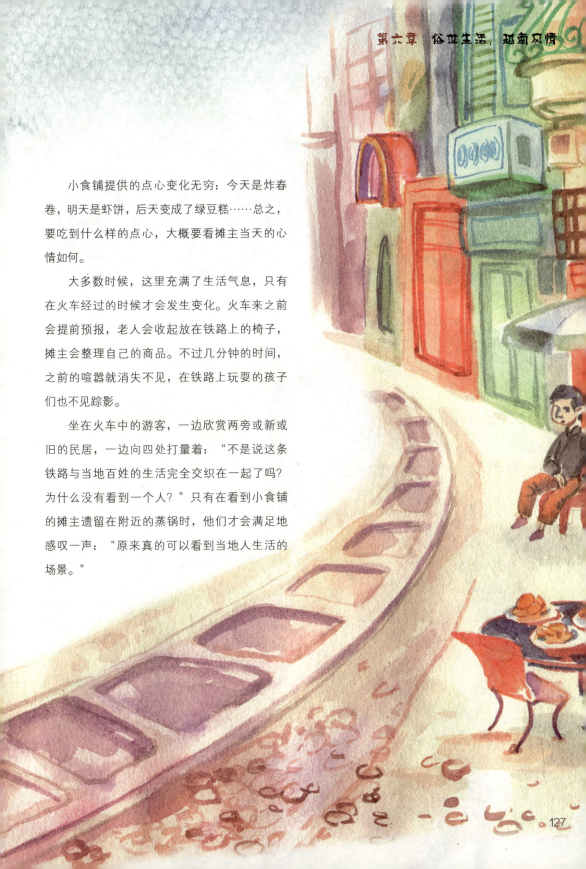

　　小食铺提供的点心变化无穷：今天是炸春卷，明天是虾饼，后天变成了绿豆糕……总之，要吃到什么样的点心，大概要看摊主当天的心情如何。

　　大多数时候，这里充满了生活气息，只有在火车经过的时候才会发生变化。火车来之前会提前预报，老人会收起放在铁路上的椅子，摊主会整理自己的商品。不过几分钟的时间，之前的喧嚣就消失不见，在铁路上玩耍的孩子们也不见踪影。

　　坐在火车中的游客，一边欣赏两旁或新或旧的民居，一边向四处打量着："不是说这条铁路与当地百姓的生活完全交织在一起了吗？为什么没有看到一个人？"只有在看到小食铺的摊主遗留在附近的蒸锅时，他们才会满足地感叹一声："原来真的可以看到当地人生活的场景。"

第七章

留住回忆，寻找越南特产

如何证明你来到了越南，而不是去了一趟云南？
买些越南特产回去吧。

一包香浓醇香的咖啡粉、一件散发着清香的越
南木雕、一盒被视为"灵丹妙药"的白虎活络膏，
都独具越南风情。

如果你不愿意"随大流"，也可以买一顶油光
闪闪的斗笠回去。在闲暇之时，戴上斗笠，想象自
己是身穿奥黛的越南少女，也是一件很有趣的事情。

最美丽的风景
——身穿奥黛的女子

或许，将奥黛称为越南的旗袍并不恰当。因为在中国很少能看到穿着旗袍逛街的女孩，但是在越南河内，奥黛成为了女孩们出门的首选：上班、上学、约会、参加各种传统节日……走在河内街头，随处可见身穿奥黛的窈窕身影。

"奥"来源于汉语中的"袄"，寓意可以盖到脖颈的服饰。而"黛"，则是"长"的意思。结合这两个字的含义，我们再来看奥黛，就能理解这种服饰的风情了。

这种使用丝绸等软性布料制成的服饰，裙摆开叉至腰部，走路时前后两片裙摆随风翻飞，灵动飘逸。胸袖剪裁得非常合身，可以凸显女性玲珑有致的曲线。若是再加上藏在裙摆中的高跟鞋，身披奥黛的越南女子就变成了妩媚和娴雅的代名词。

身披白色奥黛的年轻姑娘，是这个城市最美好的风景。当她们还离得很远的时候，人们只能看见白色的模糊的影子，或许她们的姿势并不迷人——开着摩托车急急忙忙赶路，自然没有精致的妆容。但是那随风飘动的裙摆，就足以让人感受到少女身上的灵动秀美。

等到她们越来越近的时候，被奥黛勾勒的妖娆线条，以及藏在斗笠下的花瓣似的脸庞，大约会让人发起呆来。而等她们从你身边经过后，人们才会回过神来，偷偷地回头看，寻找湮没在人群中的"白天鹅"。

当然，奥黛不仅仅是少女的专属。中年妇女也喜爱穿奥黛，她们更喜欢穿色彩较浓的奥黛——紫色、红色的奥黛。披穿在她们身上的奥黛，少了少女的灵动飘逸，却多了一份娴静温柔。走在街上的时候，也会有人偷偷看她们，大多是被她们身上沉稳的气质吸引。

或许游客在与她们聊天时，并没有与少女搭讪时的那份羞涩和不安，但是也不敢唐突佳人，说话之前也要细细斟酌。这大概是因为在游客眼中，每一个身穿奥黛的越南女子都是美丽的。

知名店铺

Tan My Design 是河内著名的越南传统服饰老店，提供量身定做的服务。一般来说，三到五天就能够拿到成品。当然，这里也贩卖传统的手工刺绣品，买一个简单的刺绣钱包，或者别具风情的桌布回家也不错。

散发着清香的工艺品
——越南木雕

在越南，不用担心真伪、价格又在普通游客可以接受范围内的手工艺品有什么？在游客列出的单子中，一定有越南木雕的名字。

越南的木雕店大多简陋，但是迎面而来的清香却能留住游人离去的脚步。花上一点时间，在木雕店中好好逛一逛，确是一次难得的体验。

越南木雕的形象很中国化，龙、凤和中国民间传说中的人物是最常见的。当然，如果想要非洲木雕的翻版和西方人物像也不难，老板会在众多木雕中为你找出一两件来。

其实，在木雕店中仔细打量木雕的游客，大多数并不知道如何鉴赏木雕的工艺。不过，在游客看来，这样沉甸甸的小工艺品，质地坚硬、细密，最适合成为"到此一游"的见证者。

最简单又最难忘的美味
——椰子糖

有多少人的童年离不开那一抹香浓的椰子香味？

椰子糖大概是幼年最简单又最难忘的美味。如果父母能带一包椰子糖回来，孩子们肯定会开心得跳起来。即使前不久还在和父母闹脾气，但是在看到椰子糖的那个瞬间，孩子们早已忘记之前的不愉快，迫不及待地飞奔到父母的怀中去了。

椰子糖还是友谊的见证者。在一起玩游戏时，若是谁能从口袋中掏出几颗椰子糖和大家分享，那么这个孩子一定能成为同伴眼中"大方"的代名词。

剥去外面白色的糖纸，孩子们迫不及待地将棕黄色的椰子糖放入嘴中。也有性子慢的孩子，他们用糖纸将椰子糖托在手心中，放到鼻子旁边，用力一吸，香浓的椰子味便溜进五脏六腑中去了。

椰子糖虽小，但是要吃完一颗椰子糖还得花点工夫。人们将椰子糖含在嘴里，感受有些坚硬的糖在自己嘴里融化成糖水，真是无上的享受。

　　第一次吃椰子糖的孩子，往往还不能掌握这样的诀窍，他们将软糯的椰子糖放进嘴中之后，便迫不及待地咀嚼起来。没过多久，一颗椰子糖就被吃完了。他们有些沮丧，只能用舌头在口腔中来回搜寻，希望能在牙齿缝中找到残留的椰子糖。

　　因此，当人们来到越南，看到大街小巷的椰子糖，又怎么会不兴奋呢？

　　椰子糖是越南的特产之一，大街小巷都能够看到椰子糖的身影。在农贸市场中，这种裹着糖纸还能让人闻到椰香的糖果是绝对的明星。在贩卖干果的小摊上可以看到它们的身影，而在水果摊上它们也依然存在。

　　有时候，摊主会别出心裁地将它们与椰子摆在一起，似乎在对大家说："无论是刚摘下来的椰子，还是用椰子肉加工的椰子糖，都很值得带回家。"

　　于是，人们被摊主无言的宣传吸引住了。他们拿着一大袋椰子糖，捧着新鲜的椰子走出农贸市场，感受到过路游客投来的异样的眼光时，他们毫不在意地想："这些人都是没有童年的。"

河内人不可或缺的生活用品——拖鞋

河内人十分喜爱拖鞋。大街小巷中，总能看见那些穿着拖鞋，坐在塑料凳上悠闲地喝茶聊天的老伯。

爱美的女孩也会穿拖鞋，但是她们的花样更多一些，或是在拖鞋上别上一朵鲜花，或是将胸针固定在拖鞋上。穿上拖鞋后，她们的美更加自然。

孩子们也喜欢穿拖鞋，这大概能弥补他们不能赤脚的遗憾。不过拖鞋穿在他们脚上有些不老实，和朋友嬉戏的时候，拖鞋经常跟不上他们的步伐，一只鞋孤零零地躺在路边。等孩子们玩得尽兴了，才会跳着脚来寻找它。

或许正因为越南人太过喜欢拖鞋，所以越南拖鞋的质量也有口皆碑。不过除了这个原因，大概还因为越南橡胶的质量在全世界处于领先地位，而由越南橡胶制成的拖鞋自然质地柔软，特别耐穿。

因而，有些人会对准备去河内旅游的亲友说："若是时间足够富余的话，帮我带一双越南拖鞋吧。"

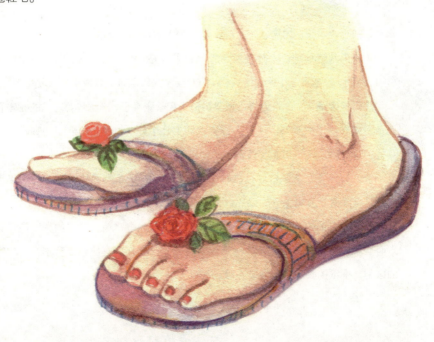

街边飘散着的
悠长韵味
——越南咖啡

喝咖啡、喝茶、闲聊、吃点心，是河内人的神仙享受。

若说到喝咖啡，大概有人会想到装潢考究的咖啡馆，以及咖啡馆中忙碌的白领。然而，若是行走在河内街头，人们对咖啡的印象可能会发生翻天覆地的变化。

临街的店铺，放在路边的几张塑料椅子和一张桌子，一丝若有若无的咖啡香，就是河内咖啡馆的全部。河内人最喜欢约上几个好友，找一个熟识的咖啡馆，点几杯咖啡以后，开始和朋友天南地北地闲聊。

或许有人不愿意承认这是咖啡馆，因为这里与人们印象中的咖啡馆一点也不像。这里没有带着电脑、忙碌的白领，只有穿着拖鞋、一脸倦意的老伯。

当然咖啡的价格也不一样，相比于其他国家的咖啡馆，这里的咖啡便宜到让人有些难以置信——四五元人民币就可以喝到一大杯。这里也没有水杯、咖啡杯的区别，香浓的咖啡永远被装在玻璃杯中。

如此简朴，让人们不由得怀疑
咖啡的味道，甚至担心这些咖啡是
否偷工减料。但是，当人们小心翼
翼地端起咖啡，抿过一口之后，就
深深地被浓厚醇香的越南咖啡吸引
了，会像酒徒一样豪气地说一声："老
板，我还要一杯。"

当人们好不容易接受这种喝咖啡的方式之后，却又被河内人震惊。只见当
地人坐在塑料凳上相谈甚欢，而面前的木桌上放着一杯咖啡和一杯清茶。

人们往往将咖啡和茶看做可以互相代替的食物，甚至将喝咖啡和喝茶的人
比作两类人。但是越南人就豁达多了，餐桌上，咖啡和茶成了固定伴侣。大概
是因为茶水的清香能够冲淡咖啡的苦涩，而咖啡浓郁的口感又弥补了茶水初入
口时的平淡。

来到河内，可以向当地人学习。随意走入一家咖啡店中，点一杯咖啡，与
认识的、不认识的游客攀谈。在不知不觉中，咖啡的醇香化成了悠长的时光。

隐居于山林中的小妹
——越南香水

说起越南香水，就不能不提到它与法国香水的渊源。

19世纪中法战争之后，越南沦为了法国殖民地。此后，法国的殖民者从越南掠夺了大量的原材料，其中就包括天然香料。

毫不夸张地说，法国香水的成名，不仅得益于法国的制造工艺，还离不开越南热带丛林中丰富的香料。

所以，越南香水和法国香水可谓是一母同胞的姐妹。不过法国香水这个姐姐，更像是一个高贵典雅的大小姐，而越南香水则是隐居于山林中纯朴、可爱的邻家小妹。

不过正因为是一母同胞，所以她们都有上天赐予的美貌。当人们为法国香水倾心的时候，自然也会拜倒于越南香水的石榴裙下。

即使人们并不是冲着越南香水的名头而来，但是如果能在闲暇之余，通过淡雅的香气回想起越南女孩如花一般的面容，也很不错。

河内人心中的瑰宝
——万福云丝绸

说起越南丝绸，就不能不提到万福云丝绸。

万福云丝绸是以它的生产地——万福丝绸村命名的。这是一座传统的家庭手工业村，全村超过一半的家庭都有丝绸作坊，可以说，河内几乎所有的丝绸商品都来自万福村。

如今万福村已经成为了河内比较出名的人文景点，因为这里不仅仅生产丝绸，还负责贩卖。穿过写着"万福丝绸村"的巨型拱门，道路两侧丝绸商店林立，游客提着丝绸商品穿梭其中，不亦乐乎。因为此处自产自销，所以人们能买到价格更便宜的越南云丝绸。

当然，人们不仅是为价格而来。万福云丝绸以天然蚕丝纺织而成，因光滑柔软的质地、亮丽的颜色和独特的纹路而闻名，不仅是河内人心中的瑰宝，还在海外市场中占据了一席之地。

万福云丝绸种类多样，既有玲珑可爱的丝绸手提包，又有带有浓浓越南风情的丝巾。若是时间充裕，还能选一块丝绸面料，让裁缝给自己做一件奥黛。其实，无论购买哪种款式的丝绸商品，只要在万福村转上一圈，人们就再也无法忘记这些细滑的万福云丝绸了。

油光闪闪顶头尖尖的风情
——斗笠

越南风情是什么？这是一个没有标准答案的问题。但是，有一个答案却能得到大多数人的认可，那就是如果将斗笠、奥黛和摩托车放在一起，就能描绘出迷人的越南风情。

长发披肩的越南女孩们，身穿灵动飘逸的奥黛，戴着顶头尖尖的斗笠，骑着摩托车在街巷中穿梭的情景，是越南街头最美丽的风景。

为什么女孩们如此偏爱斗笠？大概与越南的天气有关。越南常年高温，天气炎热，爱美的女孩怎么会允许自己晒黑呢？但是她们出门就要骑摩托车，挤在摩托车大军中，撑伞未免太麻烦。

于是，越南女孩想到了越南的传统服饰——斗笠。她们认为这样的打扮很有民族风情，后来竟演变成了一种时尚。斗笠遮住了越南姑娘的脸庞，远远望去，人们只能看到随风飘扬的奥黛，以及斗笠下的黑色长发。走近了，人们才能一览这些姑娘的美丽，斗笠也为越南女孩增加了"犹抱琵琶半遮面"的风情。

　　当然，斗笠不仅仅是女孩们扮靓的工具，它还具有适用性和方便性。在越南，妇女们承担了大部分的田间劳动，播种、施肥、收割都要靠她们。而斗笠既能遮阳，又能挡雨；累了，可以将斗笠当成扇子；若是没有口袋，还能够将斗笠倒过来，装些瓜果。这样多功能的斗笠，当然是这些要露天"高温作业"的妇女们的挚爱。

　　我们眼前可以浮现出这样一幅画面：午后，连蝉都躲在树荫中，懒懒地不愿意鸣叫。而田中，依旧可以看到劳作的身影——头戴斗笠的妇女们。

　　这时，只有头上的斗笠能够为她们遮蔽酷暑，也只有斗笠才能了解她们的辛苦。若是现在有人站在田边，一定会被眼前的美景震撼。的确，在太阳底下油光闪闪的斗笠下面质朴的脸庞，以及被汗水浸湿的衣服，不就是最美的画面吗？

此外，越南斗笠还与爱情有关，这源于一个传说。

相传，有一对男女很相爱，但是因为两家距离比较远，所以一个月只能见一次面。后来，他们相约在每个月月亮最圆的时候——农历十六日见面。

女孩想亲手制作一件礼物送给自己的心上人，让他在看到这件礼物的时候，马上就能想到自己。思来想去，她认为代表见面日子的数字——16非常具有纪念意义，于是亲手编织了一个有16个圈的斗笠送给自己的心上人。

这个故事传开之后，人们认为有16个圈的斗笠代表着美满和团圆。此后，越南的斗笠都有16个圈。

然而，代表爱情也好，可以遮阳挡雨也罢，斗笠早已成了越南人生活中不可或缺的一部分，也成了游客心中难以忘怀的风情。

那些隐藏在越南腰果中的门道

在 河内，是去超市买腰果好，还是去农贸市场买腰果好？

来到越南这个全世界腰果最大出口国，不买些腰果回去，怎么向国内那群翘首以盼的亲友交代？更别说因为越南的腰果深受游客的欢迎，所以在购买的时候，商家会直接以人民币报价，减少了很多麻烦。

不过，在河内，去哪里买腰果却是有讲究的。

超市的腰果包装精美，最适合送人。那些不喜欢逛超市的人，来到了河内超市后，也会带上一两盒腰果，或许还没等细细品尝腰果的滋味，在看到包装上的越南文时，人们就已闻到了从热带果园中飘出的香气。

农贸市场的腰果则有满满的本地风情。腰果一般被盛放在一个筒子中，旁边是它的竞争对手们：水果干、绿豆糕、椰子糖……农贸市场中人声鼎沸，与中国的菜市场没有什么两样。虽然没有精美的包装，但这里腰果的价格便宜许多，而且也新鲜一些。那么，游客应该去哪里购买腰果呢？

若是你仔细观察，就会发现，超市和农贸市场虽然都在贩卖腰果，但是两者的腰果并不相同。超市贩卖的大部分是去皮的腰果，农贸市场贩卖的则是带皮的腰果。

腰果带皮可以保鲜很长的时间，如果想买一大包腰果回家，买带皮的腰果最适合。但是带皮的腰果食用之前需要剥皮，不然嘴中满是腰果皮的苦涩味，所以那些只是想尝鲜的人，最好选择去皮的腰果。

那些想要将越南腰果带回家的游客，在购买之前可要睁大眼睛看清楚，不然等品尝到腰果皮苦涩滋味的时候，或许还会责怪越南腰果"徒有虚名"呢。

越南人民的"灵丹妙药"——白虎活络膏

不知道从什么时候开始，人们去国外旅游的时候，总是喜欢买当地的特色药品，特别是草药类。

因此，当人们来到越南之后，看到根据越南民间祖传秘方研制的止痛膏——白虎活络膏时，自然压抑不住体内的"购物之魂"。

其实，虽然游客的行为有些"跟风"的嫌疑，但是白虎活络膏好用也是事实。白虎活络膏是越南三宝之一。因为越南长年潮湿多雨，所以越南人民，尤其是中老年人大多患有风湿性关节炎。而这种由龙脑、曼陀罗、麝香、丁香精等三十二味名贵中草药制成的外用膏，在治疗关节性疼痛上颇有疗效。

所以，来到河内后，去药店中走一走，买些白虎活络膏，其实也算跟对"风"了。

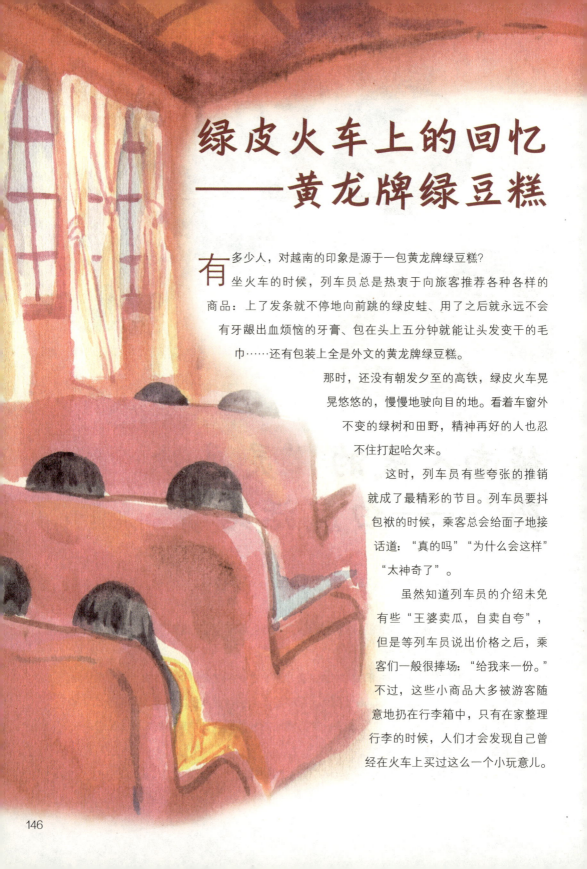

绿皮火车上的回忆
——黄龙牌绿豆糕

有多少人，对越南的印象是源于一包黄龙牌绿豆糕？

坐火车的时候，列车员总是热衷于向旅客推荐各种各样的商品：上了发条就不停地向前跳的绿皮蛙、用了之后就永远不会有牙龈出血烦恼的牙膏、包在头上五分钟就能让头发变干的毛巾……还有包装上全是外文的黄龙牌绿豆糕。

那时，还没有朝发夕至的高铁，绿皮火车晃晃悠悠的，慢慢地驶向目的地。看着车窗外不变的绿树和田野，精神再好的人也忍不住打起哈欠来。

这时，列车员有些夸张的推销就成了最精彩的节目。列车员要抖包袱的时候，乘客总会给面子地接话道："真的吗""为什么会这样""太神奇了"。

虽然知道列车员的介绍未免有些"王婆卖瓜，自卖自夸"，但是等列车员说出价格之后，乘客们一般很捧场："给我来一份。"不过，这些小商品大多被游客随意地扔在行李箱中，只有在家整理行李的时候，人们才会发现自己曾经在火车上买过这么一个小玩意儿。

在这么多"纪念品"中，只有黄龙牌绿豆糕会在第一时间被拆开，成为人们的"下午茶"。这种入口即化、香甜松软的点心，在人们的谈笑声中被"消灭"。而当人们从火车上下来之后，怀念的不仅是曾经相谈甚欢的同座，还有味道香浓、不油不腻的绿豆糕。

黄龙牌绿豆糕上的外国文字曾一度困扰人们。的确，它犹如一位戴着面罩的仙子，向人们展示过她美妙的身姿之后，什么也没留下，就消失在人群中。或许有吧，不过这些外国文字就像密码一样，让人们难以寻觅她的踪迹。

她有时候会在超市中出现，但是往往是上架没多久就被买光了。而从网络上购买到的也不一定正宗。因此，当人们来到越南之后，总要去超市中买几大包绿豆糕囤着才安心。而且人们还惊喜地发现，越南的绿豆糕不止有黄龙牌呢。

将越南所有的水果都带回家——水果干

有人说，去了越南却没有品尝越南水果的人，大概是个傻瓜。

的确，来到越南，看见满街的水果：椰子、芒果、菠萝蜜、龙眼、火龙果……游客的口水或许会不自觉地流下来。

越南盛产水果，人们也极爱水果。街道旁那些沿街叫卖的小贩的箩筐中，总有几个新鲜的水果；从小贩身旁呼啸而过的摩托车骑手，包里也常备能解渴的水果；更别提那些在楼下晒太阳的大爷，他们手中的水果在太阳的照射下闪动着晶莹的光辉。

于是，游客走走停停：遇到卖水果的小贩，便从他们手中买些芒果来吃；转弯看见了一家农贸市场，又进去寻找新鲜的火龙果；走到田野间，就坐下来和当地人一起分享新鲜的菠萝蜜。

　　自己吃得舒坦了，自然也会想要带点给家里人尝尝。不过水果有点像古代的小脚女子，虽然美丽，却出不了远门——带回国的话，恐怕会在归途中变质。于是，越南水果干就成了人们的最佳选择。

　　在众多水果干中，卖得最好的应该是综合水果干。这种食物并不是由某一种水果制成的，其原材料有菠萝蜜、龙眼、火龙果等多种水果。

　　综合水果干满足了人们贪多的心理，游客或许会喜滋滋地想："总算是将越南所有的水果都带回家了。"

　　有人说，品味越南的综合水果干，有点像品味《哈利波特》中的怪味糖豆——因为你永远都不知道下一个水果干是什么口味的。不过，与怪味糖豆不同的是，人们不可能吃到鼻屎味的水果干。

第八章

寻味河内，最平凡的滋味

对大多数人来说，美食的滋味，不是高档餐馆中精致的菜肴，而是路边大排档的烟火，是妈妈手中的汤面。

因此，当人们来到河内之后，看到路边随处可见的小食摊时，自然对这个城市多了一份亲近感。

于是，游客也和当地人一样，坐在车来车往的街头，一边品味米粉的美妙滋味，一边看来来往往的人群。末了，再喝一口叫人难以忘怀的咖啡，快慰便不由分说弥漫全身。

人人皆知的风味美食
——越南牛肉粉

在越南人心中，米粉有另一层含义。河内民间有这样一个说法，若是越南男人对自己的妻子说："我今天不想吃米饭，改吃米粉。"大概是在暗示妻子，自己厌倦了婚姻生活，想要找个情人。

对过去的越南人来说，米粉是奢侈的食物，又因为当地政府曾一度禁止售卖米粉，所以米粉又多了一份可遇不可求之感。而米饭则是家中日日可见的妻子——寻常却不可或缺。

不过如今漫步在河内市，人们就能发现，米粉早已取下了那层神秘的面纱，走进了人们的生活中。每到饭点，河内的大街小巷都弥漫着米粉的香味。

河内的米粉店一般隐藏在小巷中，循着香气绕过好几道弯，才能看到米粉店的真面目。米粉店的外形大概会让人们失望，因为别说店铺的装潢，就连像样的桌椅都没有，店主只会在店中摆几张塑料凳和木桌。

　　不过这样的米粉店，却拥有很多食客。人们挤在狭窄的弄堂中，端着米饭吃得一脸满足。

　　牛肉粉是米粉店最常见的样式，有点像中国南方各地的肉丝汤粉。因为越南米粉的汤底是用牛骨加上各种调料熬制而成的，所以牛肉自然成了越南米粉最常见的臊子。

　　当食客点上一碗牛肉粉后，店主会将熟牛肉和细丝米粉放在一起煮。这时，米粉就带上了牛肉的香气。当然，将牛骨汤灌入米粉中，这种香气就更加浓郁了。

　　其实越南牛肉粉的外形，与中国南方大街小巷的米粉并没有太大的区别。不过猪骨汤更加香浓一些，再配上越南特有的香料，一碗普通的牛肉粉竟也飘出了越式风情。于是，游客们也和当地人一样，在简陋的小店中，捧着米粉吃得一脸幸福。

欧洲人心中的
极致美味
——越南河粉

对越南人来说，河粉应该算是舶来品。河粉的做法来自于中国的闽粤地区，而且越南河粉——PHO 的发音，也与粤语的"粉"有些类似。然而，越南人将这种带有中国风味的食材拿到手后，却制作出了别具越式风情的越南河粉。

河粉的汤头最重要，用牛骨、肉桂、八角、姜、小豆蔻及洋葱熬出来的汤底，也就成了越南河粉的先头兵。且不说后面的配料，单是这浓香四溢的汤底，就能让人食指大动。

或许觉得猪骨汤的口感太过油腻，所以人们又在汤中加上了西红柿。酸味挤在汤中，平衡了猪骨汤过于浓郁的口感。

河粉里还加了酥脆的豆腐泡，吃一口豆腐泡，酸爽的汤汁便在嘴中爆出来。人们尽情地享受越南河粉的美味，根本顾不上擦嘴边溢出来的汤汁。

　　越南人是如何发明这种美食的？越南民间有很多种不同的说法，但是流传比较广的是这一种：在 20 世纪 20 年代，为了同时满足当地人和法国人的饮食需求，一位厨师发明了牛肉河粉，并且沿街叫卖。

　　没过多久，这种美食便在全国流传起来。那时候，不管是趾高气扬的法国殖民者，还是辛勤劳作的越南平民，都将吃上一碗牛肉河粉当做无上的享受。

　　无论这种说法是否可靠，越南河粉深受欧洲人的欢迎却是事实。20 世纪 70 年代，大量越南人逃到国外，将这种美食也带到了国外。从此，越南河粉就成了欧洲人心中的无上美味。欧洲的各个国家都能看到越南河粉的身影，"PHO"一词甚至被收录进牛津字典中。

　　不知道，有多少欧洲人来到越南，只是为了寻找那一碗地道的越南河粉呢？

站在越南街头，品味鸡粉的滋味

在街头摊档上吃越南鸡粉，是一件极为惬意的事情。

漫步于河内街头的时候，经常可以看到弥漫着香气的小食摊。这种小食摊不是固定的，它们都长出了"脚"——下面有两个轮子，所以能否遇到这些美食要看运气和缘分。

摊主大多不会叫卖，因为散发出来的香味就是最好的宣传。小食摊大多数卖法棍，但是要是你运气足够好的话，也能遇上卖鸡粉的小贩。

越南鸡粉，顾名思义，就是加了鸡肉的米粉。从鸡身上一点一点撕下鸡肉，然后满满地盖在米粉上，米粉也带上了浓浓的鸡香味。

这里没有桌椅，人们只能捧着装米粉的塑料碗，站在街头吃完鸡粉。不过，一边细细品味鸡粉的滋味，一边看着来来往往的摩托车，间或收到当地人投来的羡慕的眼神，倒也很别致。

油而不腻、香而不烂的烤肉拌米粉

若是从字面意思上来理解，在烤肉拌米粉中，米粉应该是绝对的主角。实际上，制作这道菜肴最讲究的部分，还是如何制作烤肉。

在制作烤肉时要注意三个适中，即：肉的肥瘦搭配要适中，肉的质地软韧度要适中，切成的肉片厚薄度要适中。

然而，对烤肉拌米粉来说，这仅仅是开始。接下来，厨师会用鲜美的雨露和特色的香料腌渍切好的肉片。雨露是最上乘的，因为带有雨露鲜味的烤肉才会让最挑剔的食客情不自禁地咽口水。

　　将肉片腌渍一段时间后，就到了重头戏：隔着炭火烧烤肉片。在这个环节，火候决定着烤肉的成败：不能太小，也不能过猛。肉片要熟而不硬，黄而不焦，并且保有嫩滑感。

　　等烤肉上桌之后，这道菜肴也就制作得差不多了。不过，并不是将其和米粉搅拌在一起就可以了，胡椒粉、紫苏、香菜都是必不可少的。这些香料可以减少烤肉的油腻感，又为这道菜肴增添了一丝香气和一点点涩味。狠狠地咬上一口烤肉和米粉，让各种滋味在自己的嘴中开出花来。从此，人们再也不会忘记这道别具特色的越南小吃。

满满是肉的"方形大饼"
——越南肉粽

快到端午节或者春节的时候，河内家家户户便开始制作粽子。粽子是来源于中国的美食，用糯米裹着猪肉或者红豆，包上粽叶，上锅蒸熟即可。不过越南人民改变了粽子的制作工序，让它别具越南风味。

越南粽子，从馅料开始就与中国粽子大不相同。中国粽子以糯米为主，无论是猪肉还是红豆，都只能沦为配角。当然，也有人根据自己的口味做出调整。比如，肉食爱好者会放一长块猪肉在粽子中。但是无论如何，糯米是少不了的。

然而，越南的粽子却完完全全放弃了糯米这个主角，让猪肉变成了"主演"。有人说，与其说这种食物是粽子，不如说它是肉饼。其实这样的说法也有一定的道理，将上好的猪肉加入各种香料，捣成糊状，就是越南肉粽全部的馅料。若是不裹上粽叶，而是将馅料直接上锅蒸煮的话，做出来的菜肴的确与肉饼无异。

159

不过越南人还是会为这种菜肴披上"外衣"，让其成为传统意义上的粽子。然而，越南的粽叶不是芦苇叶，而是芭蕉叶。这是越南粽子独具的热带风情。或许，在闻到芭蕉叶的清香时，人们还能想象出海风穿过芭蕉林吹向都市的情景。

越南粽子的制作工序，到这里也完成得差不多了，剩下的就是上锅蒸熟。不过，第一次去越南的游客，或许会在当地人请自己品尝的时候，出现四下寻找粽子的情景。等当地人向他们介绍的时候，他们才恍然大悟："原来这个'方形大饼'就是粽子。"

越南的粽子是方形的，外形有点像田地。在越南人的眼中，这种形状的粽子可以寓意五谷丰登，里面的猪肉则寓意人兴旺。

或许，在外国游客看来，这种食物与传统的粽子差异太大，并不能称之为粽子。但是，这种别具特色的越南粽子，早已成了越南传统节日的象征。端午节的时候，家家户户都要蒸煮粽子，吃一个肉粽，就可以求得风调雨顺。孩子们跟着大人将自家的粽子送给邻居，即使他们早已被粽子的香味馋得流口水，但是还是会"忍痛"将粽子送出去，因为这是节日中蕴含的情谊。

春节的时候，除了鞭炮声，最吸引孩子们的，就是粽子的香味。但是他们还是不能做第一个品尝者，因为这种香气四溢的美食只能在供过祖先之后才能被品尝。

越南粽子个头颇大，而且里面全是猪肉，所以一个粽子就能填饱人们的肚子。但是贪吃的孩子却舍不得放下筷子，他摸摸自己浑圆的肚子，一边打嗝一边对母亲说："我还要吃一个！"

属于冬天的美妙滋味
——炙鱼脍

河内的冬天其实算不上寒冷，没有凛冽的寒风，甚至没有漫天飘散的雪花，不过人们依旧喜欢把这段日子当成冬天来过。

冬天应该怎么过？对河内人来说，吃顿热乎乎的炙鱼脍最好不过。于是，与几个好友相约去"炙鱼脍街"——因为制作这道菜肴太过出名，人们干脆用菜名来命名这条街。

　　菜要稍微等一会儿，不过在等待菜肴上桌的时候，顾客们也没闲着。别说和朋友分享这几天的新鲜事，单是剥服务员端上来的西瓜子，也够他们忙一阵了。

　　不过，等服务员将菜肴端上来的时候，无论是西瓜子还是香瓜子，都被他们抛到脑后了，因为他们眼中，只有黄澄澄的烤鱼片。

　　服务员会在食客面前摆上一个小火炉，将已经烤好的鱼片在小锅中翻炒，还会在小锅中加入河内人最爱的香菜，以及小葱和小茴香等调料品。这时，炙鱼脍的香气便在房间中弥漫开来，惹得旁边专心致志剥瓜子的食客悄悄咽口水，性子急的，大概还会催一催服务员。

　　食客们小心翼翼地从小锅中夹出一块烤鱼来，无论是蘸虾酱，还是拌米线，都是无上的享受。

　　这是属于冬天的美妙滋味。坐在小火炉旁边，偶尔看坐在对面的朋友被火炉烤得有些发烫的脸，再为朋友夹上一筷子烤鱼，最后细细品味嘴中烤鱼的滋味，炙鱼脍的香味和火炉带来的温暖便不由分说弥漫全身。

令人回味无穷的河内风情
——鱼露鸡

鱼露大概是最奇特的调味品。这种用鱼做原材料制作而成的香水奇臭无比，而且对人类不太友好。若是不小心沾到一滴，鱼露的臭味便会长长久久地跟着这个人。

"真臭！"路过的人捂着鼻子说，而后又同情地想："他一定是碰到鱼露了。"这就是鱼露的魅力。

鱼露是极有个性的，对不喜欢的人类，它会毫不犹豫地表达自己的厌恶。如果不是因为自己就属于被它讨厌的人，我几乎要称赞一句："有个性！"

同时，对自己喜欢的事物，鱼露能给予对方自己所有的爱。鱼露喜欢的事物是什么？其他的食材，如牛肉、鸡肉、猪肉等。当与自己的"意中人"相遇的时候，它就变得温柔多了，而且尽可能地打扮对方。鱼露一定是菜肴中的"最佳情人"，因为与它相遇的食材，会展现出自己最美味的一面，成为"顶级菜肴"。

对于这种有个性的配料，越南人极其喜爱。于是，他们在腌渍肉片的时候放上一些，在熬汤的时候也倒上一点。不过，在河内最出名的还是鱼露鸡。

鱼露鸡的做法与白斩鸡有些类似，限定选用 2 斤半重的肥嫩鲜鸡，不加任何的调味料将鸡煮熟，再拿来鱼露直接蘸汁食用。

看来，鱼露最喜欢的还是不着"脂粉"的食材。其实这是可以理解的，因为再高明的化妆师在面对一张满是油彩的脸时，也会无从下手。鱼露也更喜欢没有调料的鲜鸡，与其随意地组合在一起，就是难得的美味。

越南菜中的阴阳调和

——甘蔗虾

喜欢吃甜食的人，很难拒绝香浓可口的奶油蛋糕。若是给他们一块奶油蛋糕，一定会得到他们的感谢。然而，如果你送给他们一个大蛋糕，他们大概会扯着嘴皮对你说声谢谢。

即使是最狂热的甜食爱好者，在面对比自己脸还大的奶油蛋糕的时候，也会产生"心有余而力不足"的感觉。因为很少有人会在吃过这么多奶油之后，不觉得油腻的。所以，人们总要喝上一杯咖啡，或者吃一碗龟苓膏来解腻。

这就是菜肴中蕴含的阴阳调和，越南人尤其明白这个道理，甘蔗虾就是最好的代表。

甘蔗虾，就是将去了壳的鲜虾肉打成虾胶后，裹在甘蔗枝上置于锅里油炸而成的食物。甘蔗虾虽然是油炸之物，却由于在烹饪过程中，虾肉吸收了甘蔗的清甜，所以焦香味中竟有一丝清香。

　　这种美食到底是如何被创造出来的呢？若论血缘，甘蔗和鲜虾是八竿子打不着的。要是将它们俩比喻成人的话，鲜虾大概是那个出生于海边，有点黝黑却又热情开朗的渔民之女。你看，她的笑容都带着海洋的气息呢。

　　而甘蔗就像戴着斗笠，日日出现在茶田的采茶女。她是人们眼中的风景，闻着若有若无的茶香，再看一眼斗笠下如花的面容，茶香变成了酒香，人们也像喝醉了一样变得满脸通红。

　　她们是如何相遇的？或许是战乱，或许是远嫁。总之，这两位习性不同的女子成了彼此的知己。当她们俩在一起逛街的时候，行人总会回头看，因为她们如此不同，但走在一起的气场却很和谐，不得不让人惊叹。

　　于是，人们来到河内，总不会忘记品尝甘蔗虾。蘸一蘸梅子酱，再咬一口虾肉，那别具风味的滋味也变成了游客难以忘怀的风情。

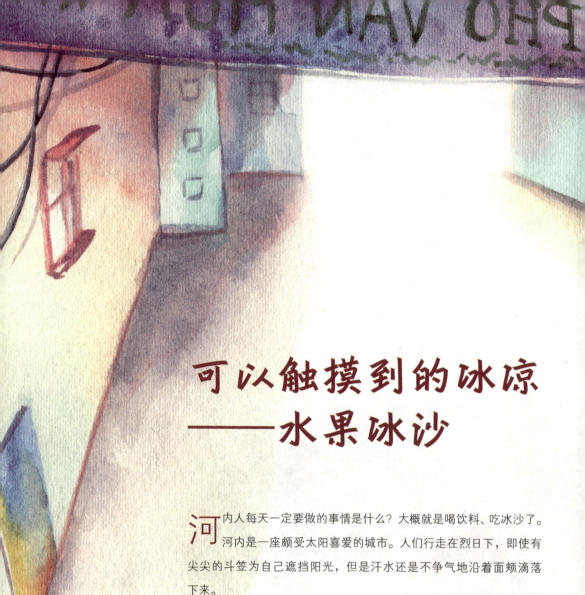

可以触摸到的冰凉
——水果冰沙

河内人每天一定要做的事情是什么？大概就是喝饮料、吃冰沙了。河内是一座颇受太阳喜爱的城市。人们行走在烈日下，即使有尖尖的斗笠为自己遮挡阳光，但是汗水还是不争气地沿着面颊滴落下来。

于是，各种冰饮便成了人们解暑的最佳选择。又因为河内人太过喜爱水果，所以在各种冰饮中，水果冰沙最受欢迎。

河内的水果冰沙店大多是流动商铺，小贩将自己的小推车停在路边，将几张塑料凳摆在树下，水果冰沙店便正式开张。

白天，这里的生意并不算好。人们骑着摩托车匆匆而过，间或有几个人会停下来，向小贩买上一杯冰沙。这时，小贩会将新鲜的水果制作成的冰沙，淋上椰汁，再搭配西米和芋圆，装在塑料杯中递给摩托车骑手。

　　或许这样的冰沙
太过冰凉，但是骑手却丝毫不在意。毕竟，
在炎热的午后触摸到这一份冰凉，就是一件十分惬
意的事情。不过骑手还是有自己的烦恼，他们着急地看着面
前的红灯，苦恼地想："要是再不吃冰沙，这些冰就会化成水了。"

　　华灯初上之时，小贩的小推车前的顾客越来越多。食客们大多是
常客，他们喜欢捧着水果冰沙与小贩聊天。也有慕名来这里的游客，在面
对花花绿绿的食材时，他们会有些苦恼：是吃百香果好，还是点火龙果呢？或
者将这些水果混在一起？

　　小贩的手艺娴熟，但是一个人也应付不了如此多的客人。这时，无论是与小贩
熟知的河内人，还是金发碧眼的游客，都只能坐在塑料凳上，眼巴巴地望着小贩制作水
果冰沙。等得久了，未免有些烦闷。不过，只要能吃一口美味鲜香的冰沙，人们的闷气也
就消散在空气中了。

与啤酒极为相配的越南虾饼

在河内街头闲逛，常常能闻到一股诱人的鲜虾气味，走近一看，人们便能发现河内人引以为豪的虾饼。若是问河内人有什么特色小吃值得品尝，他们大多会推荐虾饼，这并不仅仅是因为虾饼那股叫人难以忘怀的香气，还因为一看到这道美食，游客就能够感受到河内人的实在。

和中国的虾饼不同，越南的虾饼是用几只没有剥壳去头的鲜虾制成的。一块并不大的面饼上，摆着几只散发着焦香气息的大虾。这情景总让海鲜爱好者情不自禁地咽口水。而且虽然这几只大虾曾经到油锅中走了一遭，但是因为河内人没有加任何的味精调料，所以它们还保持着鲜甜的海鲜滋味，清爽不油腻。

　　也有人讨厌这道美食，这大概是因为看上去十分坚硬的虾壳似乎能在食道里掀起腥风血雨。被剁成肉糜的大虾虽然少了鲜甜味，但是至少让人放心。他们总是这样想。面对这些担忧不已的食客，河内人总会微笑地劝说道："你先吃一口看看，我保证你担忧的事情不会发生。"

　　河内人并没有欺骗食客，这些用面糊包裹的大虾已经被炸得非常酥脆，那些坚硬的外壳早已变成了脆爽的虾片。因此，即使大虾没有剥壳去头，食客也能轻松地将其咬碎并吞进肚子里。

　　若你已经爱上这道美食，河内人会教你进阶的品尝方法：配啤酒。对常常生活在高温闷热天气里的河内人来说，有什么比一杯清凉的冰啤酒和清新美味的虾饼能够解暑？咬上一口虾饼，再将冰啤酒一饮而尽，不安和烦闷也随之远去。

专属于越南的风味
——越式法棍

或许，遇到法棍中的火腿肠，是专属于越南的奇遇。

很多人对法棍的印象并不好，大概因为在国内很难吃到正宗的法棍。就算偶尔从超市中买一个来吃，也会留下嚼不动、干面包的印象。

因而，第一次到越南旅行的人，在看到小吃摊上长长的法棍时，大概会在心里怀疑越南人的品位。

直到他们游览完景点，正饥肠辘辘之时，却发现周围没有餐厅，唯有一个卖法棍的小食摊。"买一个，充充饥。"带着这样的想法，他们走近了曾经敬而远之的法棍。

走近一看，他们才发现，小食摊中还有很多美食：火腿肠、蛋丝、黄瓜、鸡肉、香菜、辣椒、酸萝卜、煎蛋。它们被盛放在小碗中，摆在法棍旁边。

当他们一头雾水之时，摊主已经麻利地将法棍切开了，指着旁边的馅料，问他们需要加些什么。原来，这里的法棍竟然是汉堡包一样的存在。将各种蔬菜和各种肉类夹在法棍中吃的方法，大概在越南才会看得到。

　　法棍的面香味和各种配料的香气混合在一起，让这道简单的小食成了摄人心脾的美味。狠狠地咬上一口，让越南香料和火腿肠的香气在自己的嘴里弥漫开来，再挑剔的食客也会竖起大拇指。

　　越南法棍对肉食爱好者特别友好。若是你不想在法棍中加入蔬菜也没关系，火腿肠、午餐肉、牛肉……你想加多少就能加多少。于是，在河内街头，永远都少不了那些拿着夹满肉的法棍的游客。他们咬上一口法棍之后，肉香便在街角弥漫开来。

　　不过河内人并没有那么奢侈，往往是一小把香菜，再配上一根火腿肠，最多加上一个煎蛋，用小纸袋包好，迎着朝阳骑车的时候，偷偷地咬上一口，便是这一天最美好的时刻。

不能错过的早餐
——越南炸春卷

或许对美食的喜爱，每个国家的人都是一样的。因此，当人们在河内看到炸春卷的时候，也就不会感到奇怪了。

炸春卷是河内人最为喜爱的早餐之一。河内的早餐店不多，大多都是"流动商铺"。戴着斗笠的中年妇女，挑着担子来到人流密集的地方，在马路边停下，选择一个适合摆摊的地方——一般是大树下，因为可以遮阳避雨。随后，她打开了箩筐的盖子，拿出塑料板凳，早餐店就正式开张了。

当箩筐的盖子被拿开，街角便蔓延起炸春卷的香味来。很快，她的周围就围满了客人，开口就是："给我来一份炸春卷。"

越南的春卷与中国的有些不同，这里的春卷皮是用稻米作为原料，制成米浆混入鱼胶，晒干后制成的。因此春卷皮薄如蝉翼，还带有一丝焦香味，这样的春卷自然成了早餐店的"明星"。

人们拿着包好的炸春卷，重新骑上摩托车。等红灯一亮，馋嘴的人就马上从袋子中拿出炸春卷，狠狠地咬上一口。这时，炸春卷的香味便在红绿灯处蔓延开来，惹得附近的人悄悄地咽口水。

炸春卷卖得很快，不多时早餐店老板的箩筐中就没有"存货"了，来得晚了的人只能失望离去。也有机灵的顾客，他们悄悄地对老板说："明天你来这里卖早餐的时候，记得给我留一份炸春卷。"

这样的顾客很多，老板只能无奈地点点头，希望他明天不要爽约。看着骑着摩托车呼啸而过的人群，她想到家里还有一堆活没有干。"得赶紧回家。"她想。这时，她的肚子应景地响了起来，原来自己还没有吃早餐。"没关系，"她想，"回家以后给自己做个炸春卷吧。"